人についての思い込み Ⅰ

心理学
ジュニア
ライブラリ

悪役の人は悪人？ ………………… 吉田寿夫

北大路書房

心理学ジュニアライブラリ

05

ヒトについての問いのみかた I

童話の人は誰だ？

早田善光

北大路書房

目次

序章 この本に書いてあること と この本を
読みづらいと感じたときの理由 ……………5

いきなりですが……／同じ質問をくる人について考える／決めつけですか？／決めつけていませんか？／決めつけを……／この本のねらい／誤解がないように／予習をすると／この本の内容のあらまし／本書のエキセントリーク

1章 私たちの行動を左右するものは？ ……………20

ある、心霊写真と私の経験／空間の力だからというて……／There is safety in numbers、／キティ・ジェノヴィーゼ……／X事件、常識的な解釈：そういう人たちだから／あるいは傍観者たちの考え：そういう状況だから／心霊写真の解釈／ちょっと困ってしまますが……／容疑者Aの父ト：その2、人にはいろいろな側面がある／プロ棋士の選手が強盗に向けて叫んだ！「認識がないように」／私の実験 mindless act／ここまでのまとめ

2章 性格や能力の影響を重視しすぎる
決めつけた考え方 ……………54

再び、心霊写真と私の経験／アメリカの出題者は誰いう？／してしまた、心霊写真と私の答え／ここで、ちょっと、少数をめしてみます／似たような経緯はありませんか？／少数事例の頻度の一般化、人は必ずしも意図的に行動しているわけではないのに……／くどいようですが、もう一度の決めつけですか？／決めつけの内容は？／推測されるの／おさえます／ておさえます／一時間／繰り返しすぎていて……／夏は図的ではないの可能性を検討しない／ジョーンズと

目次

3章 なぜ＆どのようにして、
染みついた考え方をしているのか？ ……88

な感性や能力についての推測がなされやすいのか？／どのようにして感性や能力についての推測がなされているのか？：その1――自動的推測／「女性」という性別情報／なぜだれもが出るとすぐに重く考えることがある？／なぜだれもが出るとすぐに重く考えることがある？どのようにして感性や能力についての推測がなされるのか？：その2――熟慮的に考えても……／自覚的な変化かどうかも、あくまで間接的についての問題です

終章 だは、どうしたらいいのか？
探索のみなさん、心理学者からの5つのメッセージ ……99

シリアルキラー・シリアルキラー・シリアルキラー／あなどを考えてみませんか？／シリアルキラー・シリアルキラー・シリアルキラー／ある？／あなたけをみては思いアップしていないか？／シリアルキラー・シリアルキラー／どんなふうに問題点を考えようとしたけ／人の気持ちを聞かれたらなえる真摯具体的な提案

この本にあるといいこと
&
この本をおすすめしたい理由

◆──いきなりですが……

まずは、次の文章を読んでください。

> よし勉強は、したいんだから、「1週間くらいで済むか」と思って、参考書を借りました。しかし、よし勉強は、3週間たっても、その参考書をしたいと彼に渡していません。

だとは、「何を躊躇されているんだろう？」をとも考えますに、筆者に、思った通り以下の質問に答えてください。

質問1 あなたは、よし勉強のことを、どんなふうに思いましたか？ あなたの考えにあてはまるものに○を付けてください。

①もしお母さんは、責任感が強いと思いますか？
　あてはまる　たぶんそうだ　だんぜんそうだ　わからない
　たぶんちがう　まったくちがう

②もしお母さんは、活発だと思いますか？
　あてはまる　たぶんそうだ　だんぜんそうだ　わからない
　たぶんちがう　まったくちがう

③もしお母さんは、いいかげんだと思いますか？
　あてはまる　たぶんそうだ　だんぜんそうだ　わからない
　たぶんちがう　まったくちがう

今度は、この本を選んでくれている、あなたのことについて質問します。

質問2　あなたは、どんな人ですか？あてはまる
ところに○をつけてください。

①私（ぼく）は、責任感が強い。
　あてはまる　たぶんそうだ　だんぜんそうだ　わからない
　たぶんちがう　まったくちがう

②私（ぼく）は、活発だ。
　あてはまる　たぶんそうだ　だんぜんそうだ　わからない
　たぶんちがう　まったくちがう

③私（ぼく）は、いいかげんだ。
　あてはまる　たぶんそうだ　だんぜんそうだ　わからない
　たぶんちがう　まったくちがう

◆──同じ質問を多くの人にしてみると……

どうぶつは、今考えてきた２回の質問を、51人の原校１年の人たちにしてみました。結果は、どうなったでしょうか？

まず、図１は、質問３の結果をまとめたものです。「しも月から、」人に何かを借りたり、返す期限（または約束）を守らなかったという人は多くの人に、って自分をした経験があるようです。「つい、うっかり」か「いつのまにか、すぎてる」というようなことが多いので、ほとんどいると言えます。あなたの場合は、どうですか？

次に、図２と図３は、質問１と質問２の結果を比べやすいようにして、まとめたものです。
ただし、「借発だと思いますか？」という質問は、質問全体の意図をわかりやすくするために入れておいたもの

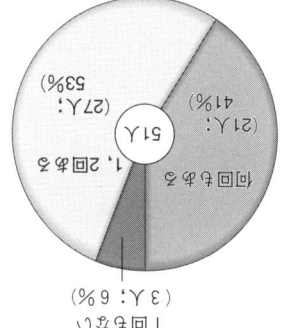

図１ あなたは、今までに、「人に何かを借りて、返す期限（または約束）を守らなかったことがありますか？」

さて、まず「いいかげんにとんと聞いていますか？」という質問では、「51人中49人」という96%の人が「ええと、または、たぶん」とうなずくと答えていて、「ええそうだ」と強くうなずいている人は60%近くもいました。自分について聞かれた人は「ええそうだ」と答えた人は27%しかいません。それから、「異性感が強いと聞いていますか？」

図3 ○○は、異性感が強いと聞いていますか？

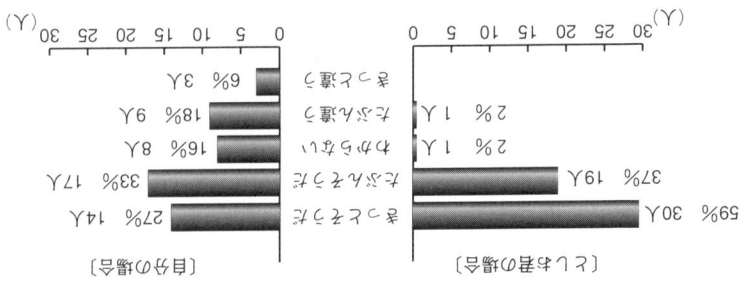

図2 ○○は、いいかげんにとんと聞いていますか？

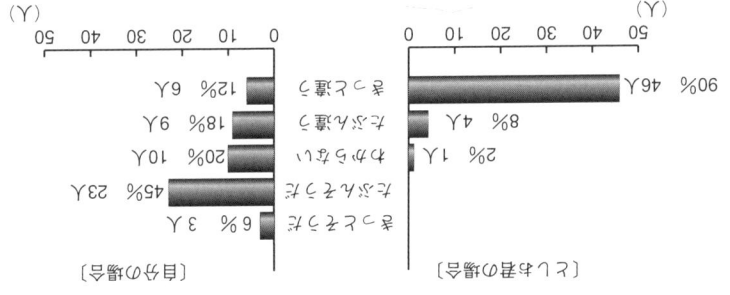

という質問では，としお君については「そうだ」と答えた人は1人もおらず，90％の人が「きっと違う」と否定していました。でも，自分については「そうだ」と答えた人が約半数いて，「きっと違う」と答えた人は12％しかいませんでした。

　何か矛盾した考え方をしていることにはなりませんか？

◆──決めつけた考え方をしていませんか？
　今まとめたアンケートの結果に基づいて，私がみなさんに伝えたいことは，次のようなことです。

> 　私たちは，自分も同じようなことをしたことがあるにもかかわらず，他の人があるときに何かをしたのを見たり聞いたりすると，そこから単純に，「あの人は，（きっと）〜だ」などと思ってしまいがちです。

　私たちは，今まとめたことの他にも，人の性格や能力などについて，十分な根拠がないにもかかわらず，よく考えずに「あの人は，（きっと）〜だ」とか「あいつは，…じゃない（のはずがない）」などと決めつけてしまうことが，たびたびあります。また，他の人がした行動の意図について「この人は，こういうつもりで，あんなことをしたんだろう」などと勝手に決めつけて腹を立てたり，「私のことを嫌っているんだろう」などと思い込んだりしてしまうこともあります。

心理学における「行動」という言葉の意味

　この本の中には「行動」という言葉がたくさん出てきますが，心理学の世界での行動という言葉の意味は，ふだんみなさんが使っているときの意味とは少し違っています。というのは，心理学では行動という言葉を日常よりも広い意味で使っているのです。

　たとえば，「言動の不一致」という言葉を知っていますか？　これは「言葉（言うこと）」と「行動（すること）」が一貫していない状態をさしています。ということは，ふだんは，「どんな発言をするか」ということは行動とは別のものだと考えられていることになります。しかし，心理学には「言語行動」という言葉があり，発言も行動の1つだとみなされています。また，身ぶり手ぶりというような動作だけでなく，姿勢や表情や視線の向け方なども行動の中に含めています。つまり，心理学では一般に，直接見たり聞いたりすることができる「人のすることのすべて」を行動とよんでいます。それから，この本の中では「行為」と「ふるまい」という言葉も行動とほとんど同じ意味だと考えておいてください。

◆——決めつけた考え方をすると……

　次の文章は，ある学生さん（大学生）が書いてくれ

序章　この本に書いてあること……

たものです。まずは読んでみてください。

サークル（同じ趣味や目的を持った人たちがつくっているグループ）のメンバーで、いつもニコニコと愛想笑いをふりまいているAさんがいました。ミーティング（話し合い）のときにAさんに意見を求めても返ってくる答えはほとんどありませんでしたし、ぼんやりしていて何も考えていないように感じることが多々ありました。

ある日のミーティングのとき、話がまとまらず、時間だけが過ぎていきました。イライラしていたのか、私はAさんに「たまには自分の意見を考えてみたら」という言葉をもらしてしまいました。すると、いつもの笑顔が消えて、Aさんはこう言いました。「私なりには、いつもクラブのこと考えているよ」

「話さない人は何も考えていない。いつも考えていないから今日もそうだ」という、こり固まった考え方がそこにありました。それによってAさんの心は離れていったように思いました。

「他の人についてどのような考え方をするか」ということは，私たち一人ひとりの「頭または心の中のこと」ですが，それによって，その人に対する私たちの行動はすごく変わってきます（上の話では，「Aさんは，ぼんやりしていて何も考えていない」と考えて，「たまには自分の意見を考えてみたら」と言ってしまったようです）。また，考え方と同じように「頭または心の中のこと」ですが，「好き―嫌い」や「尊敬―軽べつ」というような相手に対する感情や喜怒哀楽などの感情も，人についての考え方によってすごく変わってきます。さらに，このような感情も，私たちの行動に大きな影響を及ぼしているはずです。そして，以上のような感情や行動は，相手との人間関係がうまくいくかどうかや，学校，クラス，クラブ，家庭などの中で幸せな気持ちで生活することができるかどうかといった，私たちの社会的な適応に大きな影響を及ぼしています（上の話では，「たまには自分の意見を考えてみたら」という発言によって，自分もAさんもいやな気持ちになるとともに，2人の関係は疎遠になってしまったようです）。

　以上のように，人についての考え方は，私たちの人間関係や社会への適応に大きな影響を及ぼしています。ですから，人についての考え方が不適切であれば，私たちの人間関係や社会への適応も良好ではなくなってしまう可能性が高いでしょう。

序章　この本に書いてあること……

◆――この本のねらい

　私は，みなさんの人間関係や社会への適応状態がより良いものになるようにと願い，みなさんに決めつけた考え方をなるべくしないようになってもらうために，この本を書いています。言い換えると，「人について，多面的に（いろいろな角度から）or 合理的に（理屈に合うように）or 理性的に（感情的にならないように），考える柔軟な頭を養ってもらう」ことが，この本のねらいです。もっと日常的な言葉で言えば，「人を見る眼を養う」ということになります。

　人によって程度の差はあるでしょうが，この本の中でこれから説明する「決めつけた考え方なんかしたことがない」というような人は，いないと思います（もし，いたとしたら，おそらくそれは本人が気づいていないだけなのだと思います）。そして，「人について決めつけずに柔軟に考える力」というものは，残念ながら，私たちが自然に成長していく中では十分には身についてくれません。その証拠に，こんな本を書いている私もそうですが，大人もしょっちゅう決めつけた考え方をしています。それから，事の深刻さは場合によって異なるでしょうが，「決めつけた考え方をしたり，されたりしたことが原因で，人間関係や社会への適応上，なんらかの困った事態に陥った」というようなことは，すでにみなさんもいろいろ経験していると思います（ただし，決めつけた考え方をしたり，されたりしたことが原因になっていた可能性に気づいていない

ことも多いでしょう)。ですから，なるべく人生の早い時期に，「人について決めつけずに柔軟に考える頭を養う」ということについて，あらたまって学習する必要があるのです。

　また，この本は，みなさんに名探偵やよく当たる占い師などになってもらうためのものではありません。というのは，この本で問題にすることは，「どのように考えれば，人のことが正しく理解できるか」とか「どのように推論すれば，人の性格，能力，感情，意図などがピタリと当たるか」というようなことではありません。そもそも，ある人が「どんな人であるか」ということや「どんな気持ちをいだいているか」ということには，何が正解で何が不正解かといった明確な解答などはないと思います。そして，このようなことについて唯一絶対的な正解があるかのように思ってしまうこと自体が問題なのです（ただし，名探偵になるためには，この本の内容はある程度役に立つでしょう）。

　それから，この本の内容は，他の人のことについて考えるときだけでなく，自分のことや世の中のさまざまなできごとなどについて考えるときにも役に立つはずです。ですから，最後までゆっくり時間をかけて読んでほしいと思います。

◆——誤解がないように一言

　後で詳しく説明しますが，心理学では一般に，「決

序章　この本に書いてあること……

めつけた考え方というのは、自分の頭になるべく負担をかけないようにしたり、気持ちを落ち着けたりするために、私たち人間が自然に身につけた、自分を守って生きていくための適応策の1つだ」と考えています。そして、最初に「としお君としんいち君」の話を使って指摘したような考え方なども、多くの人がしてしまいがちな、自然で正常なものだと思います。ですから、よほど極端なケースでない限り、決めつけた考え方をするからといって、その人の人間性に問題があるなどと考えているわけではありませんので、気楽に読み進めていってください。

◆──この本の内容のあらましとキーワード

　自分の考えであれ、他の人の考えであれ、人間の思考に対して、いろいろな角度から、あれこれ批判的に考えてみることを、私たちは、**クリティカル・シンキング**（critical thinking；略して「クリシン」）とよんでいます。素直に日本語に訳せば「批判的思考」ということになると思います。でも、「批判的」という日本語には「あら捜しをする」とか「なんくせをつける」というような意地の悪いイメージがくっつきやすい気がします。そこで、ちょっと格好(かっこう)をつけて、あえて英語のままにしています。

　さて、決めつけた考え方をしないようにするためには、人についての自分の思考に対して、「何か不適切なところはないか」「なぜ、自分はこう思ったのか」

「他には考えられないか」などと問い直すことができるようになる必要があります。つまり，人についての自分の思考に対してクリティカル・シンキングを行う必要があるのです。そして，このようなクリティカル・シンキングを適切に行うためには，「私たちが，ふだん，人についてどのような決めつけた考え方をしてしまいがちか」ということについてきちんと理解し，それを頭の中に知識として整理して蓄えておくことが大切になります。なぜならば，このような知識は，自分の思考について問い直すときのチェック・ポイントになるからです。そこで，この本では，まず「私たちが，ふだん，人についてどのような決めつけた考え方をしてしまいがちか」ということについて具体的に解説していきます。

　図4は，以上のことについて，1つの例を使って説明したものです。この本では，図中の□□の中に入るいろいろなことがらについて解説していくわけですが，その中には洞察力の鋭い人なら心理学なんか学ばなくてもわかっているような内容も含まれています。ですから，解説されても「そりゃ，そうだよな」とか「そんなこと，わかってるよ」などと思うこともあるかもしれません。でも，「わかっていた」といっても，多くの場合，それらは「漠然と」というような程度でしかないと思います。そして，あらたまって学習することによって明確に意識し，整理して頭の中に入れておかないと，実際に人のことについて考えるときには，なかなか有効にはたらいて

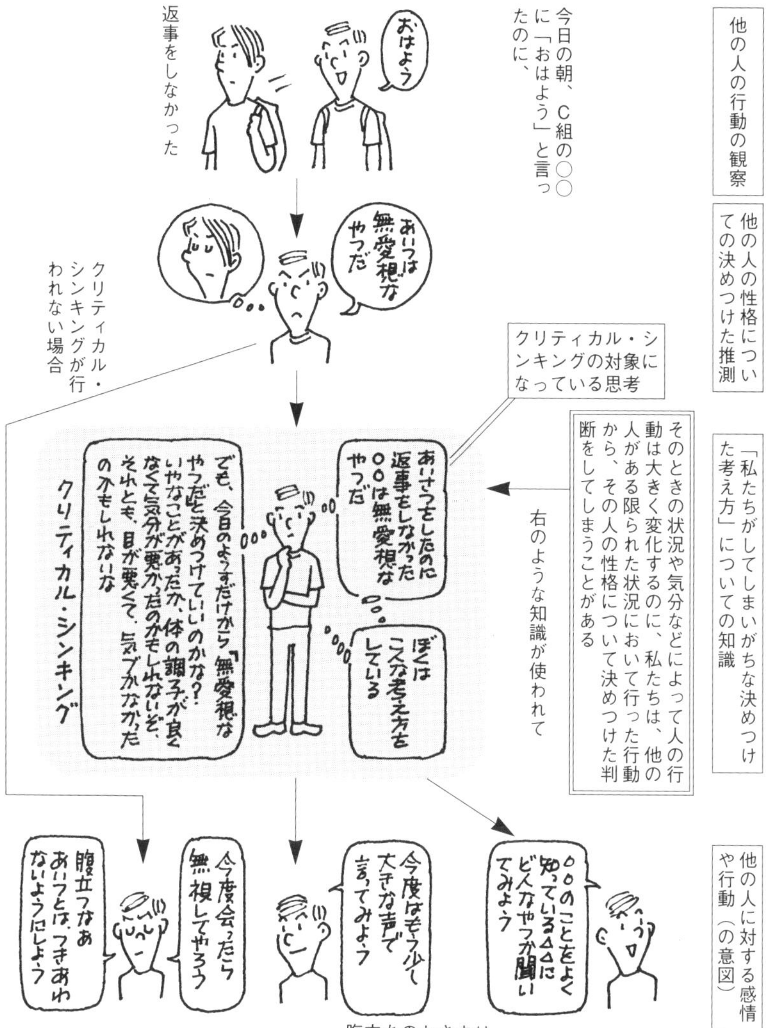

序章 この本に書いてあること……

図4 クリティカル・シンキングってどんなこと？

くれません。言い換えると、「私たちは、人について、〜というような決めつけた考え方や…というような決めつけた考え方をしてしまいがちだ」と自分でスラスラ言葉にできるくらいになっておかないと、日常生活の中で使える「生きた知識」にはならないのです。

　それから、この本の最後の部分では、「理解し、知識として頭の中に入れたことを日常生活の中で有効に活用できるようになるためにはどうしたらいいのか」ということについて、私なりのアドバイスをします。また、読み進めていくなかで考えてほしい問題を出したり、時間があるときにやってほしい課題を出したりします。それらをやってみることも、みなさんの理解をより確実なものにするとともに、理解したことが日常生活の中で「生きた知識」としてはたらくようになることにつながるはずです。ですから、面倒くさいと思うかもしれませんが、できるだけやってみてください。

　なお、図中の◻︎の中に入ることがらはたくさんあるのですが、1冊の本の中で多くのことがらについて取り上げるのは困難です。そこで、2冊に分けて解説していこうと考えています。また、わかりやすくするためと、この本や心理学に対して興味をもってもらうために、身近な例をたくさん示したり、「なるほど」とか「へえー」と思ってもらえるだろう研究を紹介したりしていきます。ですから、この本を読んで「おもしろい」とか「役に立つ」と思ったら、もう1冊

(『人についての思い込みⅡ』：06巻）もぜひ読んでください。

　さあ，それでは，「人についての思い込み」をしてしまうことにかかわっている「心のしくみ」について学んでいきましょう。

1章

私たちの行動を左右するものは？

◆──ある心理学者と娘の会話

父親　夏子も，もう高校生なんだよなあ。

夏子　突然，どうしたの？

父親　たまには，まじめに学問の話をしようか。

夏子　めずらしいね。いつもお酒飲んで，冗談ばっかり言ってるお父さんが……。学問の話って，お父さんが大学で教えている心理学の話？

父親　うん，そうだよ。「お父さんも，大学ではけっこうまじめに勉強しているんだな」って，知ってもらいたくってね。でもね，先に，ちょっと歴史の話をしたいんだけど，いいかな？　夏子は，ヒトラーという人物を知っているよね。

夏子　うん，中学の歴史の授業で習ったし，テレビでも見たことがあるような気がする。第2次世界大戦のころに，ドイツでナチスという政党をつくって，独裁政治をした，恐ろしい人でしょ。たしか，チョビひげを生やし

たまにはまじめに話をしよう

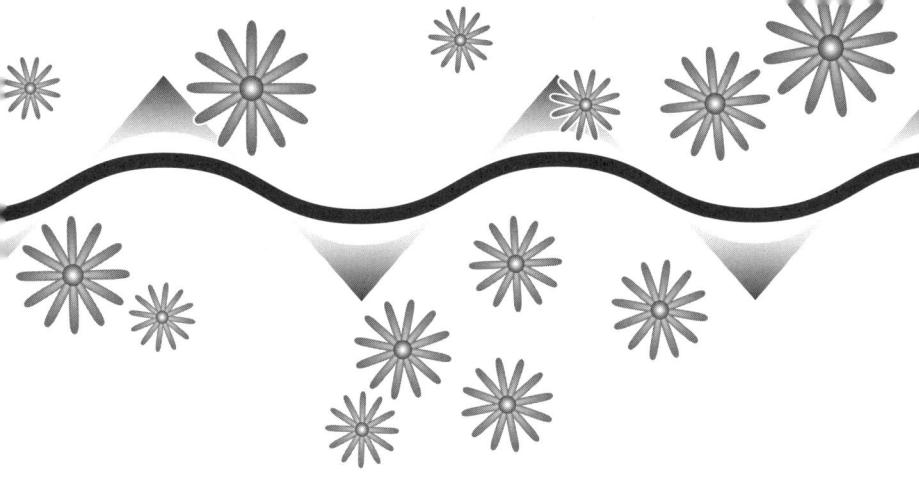

ていたよね。
父親　そうだよ。じゃあ，ヒトラーの率(ひき)いるナチス・ドイツがユダヤ人とよばれる人たちにひどいことをして，しまいには，ホロコーストと呼ばれる大量虐殺(ぎゃくさつ)をしたことも知っているかい？
夏子　ホロコースト？　そんな言葉は聞いたことないよ。でもね，ヒトラーたちが何百万人というたくさんのユダヤの人たちを毒ガスなんかを使って殺してしまったことは知ってるよ。
父親　そう，そのユダヤ人を大量虐殺したことをホロコーストってよんでるんだよ。ポーランドのアウシュビッツなどの強制収容所という所で行われていたんだそうだよ。
夏子　うん，アウシュビッツというのも習ったよ。恐ろしいよね。いくら自分の国のためだからといって，あんな残酷なことをするなんて。
父親　そう，戦争中だからといっても，絶対にやってはいけないことだよね。

あの人たちは異常だ！

夏子　ヒトラーだけじゃなく，ナチスの人たちって，正常な人間とは思えないよ。それこそ，お父さん，心理学者なら，「なぜ，あんなことが起きたのか」「どんなふうに育ったら，あんなことをする人間になっちゃうのか」，教えてよ。

父親　おっ，そうきたか。じゃあ，いよいよ本題に入るぞ。今の夏子の疑問に対して「これが正解だよ」なんていう，はっきりとしたことを言えるわけじゃないけどね，すごく参考になる心理学の実験を1つ紹介するよ。ユダヤの人たちをアウシュビッツなどの収容所に送りこむ指示をする責任者だった，アイヒマンという名前のナチスの将校がいるんだけど，これから話す実験は「アイヒマン実験」ともよばれているものなんだ。ところでね，先に，もう1つ意地悪な質問をするね。もし夏子がナチスの一員で，自分の上官，つまり，軍隊の中で自分よりも上の位の人からユダヤ人が閉じこめられている部屋に毒ガスをまくように命令されたら，どうする？

夏子　本当にいやな質問ね。お父さん，自分の子どもをなんだと思ってるの？　あんな常識はずれの恐ろしいことをするような人間に育てたつもり！？　人殺しなんかできるわけないでしょ……。あっ，でも，あんな恐ろしいことをする人たちの命令に逆らったら，自分が殺されてしまうかもしれない。だったら，……。でも，私は正常な人間よ。

父親　ごめん，ごめん。じゃあ，ナチスのことはひとまず置いといて，心理学の実験の話をするね。少し長くなると

1章 私たちの行動を左右するものは？

思うから，途中で何か疑問に思ったりしたら，口をはさんでおくれ。
夏子　うん。それでは，ご講義をどうぞ，心理学者のお父さま。

　ここで，少し休憩です。お父さんが夏子ちゃんに話す心理学の実験というのは，いったい，どんなものだと思いますか？　その実験を通して，お父さんは夏子ちゃんに，どんなことを伝えたいのでしょうか？　ちょっと，想像してみてください。

父親　今から話す実験は，1960年頃，ミルグラムという心理学者が中心になって，アメリカで行われたものなんだ。★1
夏子　ということは，私が生まれたときよりも，ずっと前のものなんだ。
父親　うん。でもね，ミルグラムの実験が明らかにした人間の心理は，時代を超えた，人間の本質の一面をとらえたものだと思うよ。ちょっとむずかしい言い方だったかな？
夏子　ふーん，なんとなく，わかるよ。でも，だったら，もったいぶらないで，話を前に進めてよ。
父親　そうだな。でもね，先に1つだけ言葉の説明をしておくね。心理学という学問は，ふつう「人の心のしくみやはたらき」というようなことについて調べることを目的にしているからね，実験をするときには，たいてい，人間が調べられる対象になるんだ。そしてね，そのような，実験に協力して，調べられる対象になってくれる人たち，つま

り，実験を受けてくれる人たちのことを，心理学では，**被験者**とよんでいるんだ。これから，話の中に，この被験者という言葉がたくさん出てくるから，覚えておいてね。

夏子　ふーん。被験者という言葉の意味はわかったけど，むずかしそうだし，人間が人間のことを調べるなんて，なんか，お医者さんが人間の体にメスを入れるような感じがして，ちょっとこわいね。

父親　ハハ。そんな感じがするかもね。でも，今から話すことは，特別な知識をもっていないとわからないようなことじゃないよ。ただし，ちょっと気持ちが重くなるかもしれないけどね。でね，この実験の被験者になった人たちは，「記憶についての研究にアルバイトとして協力してくれる人を求めます」というような新聞広告やダイレクトメールなどを見て応募してきた男の人だったんだ。年齢は20代から40代，職業は郵便局で働いている人，高校の先生，セールスマン，エンジニア，工場や建設現場で働いている人たちなどで，とにかく，いろいろな人たちが被験者として実験に参加したんだ。そしてね，おそらくとくに異常なところなんかない，ふつうの人たちだったんだ。

夏子　ふーん。被験者がどんな人たちだったかということに，何か意味があるの？

父親　ああ，そうだよ。なぜかは後でわかるはずだけど，とにかく，被験者がどんな人たちだったか，覚えておいて。でね，被験者の人たちは，実験に参加する日，2人1組で実験室に来ることになるんだ。でもね，じつは，2人のうちの1人はいつも同じ人で，本当は広告を見て応募してきた人じゃあないんだ。はじめから実験の手助けをすること

1章 私たちの行動を左右するものは？

になっていた，ミルグラムの研究の仲間のような人なんだ。だけどね，本当の被験者であるもう1人の人には，自分と同じように応募してきた人だと思われるように演技をしたんだ。それから，その2人1組で実験室に来た人たちに実験についてのいろいろな説明や指示をする人がいたんだけど，こういう役割をする人のことを**実験者**っていうんだ。そしてね，この実験者は，どの被験者のときにも決められたシナリオ通りに同じようにふるまえるように，あらかじめミルグラムから訓練を受けていたんだ。

夏子　ふーん，たいへんそう。

父親　きっとかなり訓練したんだと思うよ。でね，実験者は被験者に，実験の目的は「罰が暗記学習の成績にどのような効果を及ぼすか」ということについて調べることで，2人のうちの1人が暗記学習をする生徒の役をして，もう1人が生徒が間違えるたびに実験者の指示に従って電気ショックという罰を生徒に与える教師の役をするように頼むんだ。でもね，今話した実験の目的は真っ赤なウソで，本当の目的は違うんだ。そしてね，「2人のうちのどちらがどの役をやるかを公平に決めるためにくじ引きをします」と言って，くじを引かせるんだけど，それもインチキで，必ず本当の被験者が教師役になるように仕組んであったんだ。

夏子　ふーん，なんか，ウソばっかし。研究のためだからといって，そんなに人をだましていいのかなあ？

父親　うん，夏子がそういう疑問をもつのは当然だと思うよ。でもね，そのことについては後で話すことにして，どんな実験だったか，説明を続けるよ。

夏子　いいけど，実験の本当の目的って，なんなの？

父親　うん，それなんだけど，それを話すためには，先に説明しておかなければならないことが，もう少しあるんだ。もう少し待ってくれるかな。でね，ミルグラムの研究室にはね，この実験のために本物そっくりの電気イスや電気ショックを送るための機械らしきものが置かれていて，役割が決まった後，教師役になった本当の被験者と生徒役の人の2人は，その研究室に連れていかれるんだ。そしてね，実験にすごく真実味をもたせるために，実験者は，「電気ショックを受けている間，よけいな動きをするのを防ぐためです」と言って，生徒を電気イスにしばりつけるんだ。でね，その後で，生徒の手首に電極をつけて，「火ぶくれややけどを防ぐためです」と言って，薬をぬるんだ。それからね，電極が隣りの部屋の電気ショックを送るための装置につながっていることを説明して，「ショックはすごく痛いかもしれませんが，皮膚に傷が残るようなことはありません」と言うんだ。

夏子　なんか，すごいことになってきたなあ。でも，まだ本当の目的というのがわからないよ。

父親　うん，次にね，実験者は，教師役の被験者を隣りの部屋に連れていって，電気ショックを送るための装置の前に座らせるんだ。そしてね，生徒に，ある暗記問題を1題ずつ出して，生徒がそれに間違えたら，そのつど電気ショックを与えるように指示するんだ。しかも，生徒に送る電気ショックの強さ，つまり電圧を，間違えるたびに少しずつ上げていくように言うんd。電圧は，最低が15ボルト，最高が450ボルトで，15ボルトずつの間隔で30個のスイッチがあったんだ。それからね，4つのスイッチのまとまり

1章　私たちの行動を左右するものは？

ごとにショックの大きさが言葉で説明してあって，最初は「わずかなショック」というものなんだけど，7つ目の375ボルトから420ボルトまでのまとまりのところには「危険：きわめて強烈なショック」と書いてあるんだ。そしてね，最後の435ボルトと450ボルトのところには「×××」とだけ書いてあるんだ。言葉が書いてあるよりも，なんかすごい感じがするだろ。

夏子　うん。でも，そんなに強いショックまで与えるんだったら，生徒役の人は，何かそれらしい演技をしたんじゃないの？

父親　ハハ，夏子，だんだんはまってきたな。その通りだよ。生徒役の男の人もあらかじめ訓練されていて，本当は電気ショックなんか受けてないのに，どの被験者のときも同じように苦しんでいるふりをするんだ。たとえばね，60ボルトまでは何も反応しないんだけど，75ボルトから少し不平を言うようになって，120ボルトになると「ショックが苦痛になり始めた」と大きな声で言うんだ。そしてね，150ボルトでは「先生，ここから出してくれ。もうこれ以上実験はやりたくない。もういやだ！」と絶叫するんだ。で，300ボルトでは「もう問題に答える気がしない！！」と絶望したように叫ぶんだ。それからね，315ボルトではすさまじい悲鳴をあげて，もう一度「もうやめた！！！」と強く言って，問題に答えずに，ショックを受けると苦しそうにわめくんだ。そしてね，330ボルトからは声も何も聞こえてこなくなって，問題にもまったく答えなくなるんだ。

夏子　ひえー，演技だと聞いていてもゾクゾクするね。

父親　うん。それからね，実験者は，教師役の被験者に，

何も答えないのは誤りだとみなして電気ショックを与えるように指示するんだ。

夏子　すごいね。なんか，人を苦しめて楽しんでいるみたい。まさにサドだね。

父親　ああ，そうだね。……でも，夏子，サドだなんていう言葉，どこで覚えたんだ？

夏子　へへへ，まあいいじゃない。でもさあ，お父さん，教師役の人は，たまたま広告を見て来ただけで，ミルグラムの仲間じゃないんだから，無理に実験者の指示に従わなくってもいいんでしょ。生徒役になった人が苦しんで，やめたがっているのがわかったら，たいていの人は「できない」とか「やりたくない」って断ったり，「私はどうしたらいいんだ？」って実験者に聞くんじゃないのかなあ？

父親　うん，そうかもね。でね，そんなとき実験者は，ま

すごく手の込んだ心理学実験

1章　私たちの行動を左右するものは？

ず「続けてください」と言うんだ。そしてね，それでも被験者が実験を続けようとしないときは「実験のために，あなたが続けることが必要です」と言って，それでもだめなときは「あなたが続けることが絶対に必要なのです」と言うんだ。さらにね，それでもだめなときは「迷うことはありません。続けるべきです」と言うんだ。そしてね，どの言葉も，失礼ではない言い方だけど，はっきりと言うんだ。それからね，被験者が「生徒の身体に傷跡が残るようなことはありませんか？」とたずねたら，「ショックは痛いかもしれませんが，皮膚に傷が残ることはありません。ですから，続けてください」と答えるんだ。そしてね，「生徒はやめたがっています」と言ったら，「生徒がどう思っても，彼が単語を全部正しく覚えるまでは続けなければなりません」と答えるんだ。

夏子　いったい，どこまでやるの？

父親　そう，そこが問題なんだ。今話したような指示や対応を実験者がしても被験者が続けることを拒否したら，そこで実験は終わり。それからね，実験者の指示にずっと従っていって，最後の450ボルトまで電圧を上げていった場合にも，そこで終わり。そしてね，この実験の本当の目的は，教師役の被験者が，いったいどのくらいの電圧のところまで，実験者の指示に従って実験を続けていくかなんだ。あっ，それからね，言い忘れたけど，実験室に置かれている機械が本物だと被験者に信じさせるために，「試しに」ということで，実験を始める前に45ボルトの弱い電気ショックを教師役の被験者の手首に本当に与えるんだ。手が込んでるだろ。ふー，……疲れた。

夏子　私も疲れた。……で，お父さん，結局，この実験の本当の目的は，人間が他の人の指示や命令にどのくらい従いやすいか，っていうようなことを調べること？

父親　おっ，よくわかってるじゃないか。えらいぞ，夏子。

夏子　とーぜん。へへ。お父さん，これで実験がどんなふうに行われたのかは，だいたいわかったわ。で，結果はどうなったの？

父親　そんなに急ぐなよ。まずは先に，夏子が教師役の被験者だったらどうするか，考えてごらん。

夏子　あっ，また意地悪な質問がきたな。最愛の娘に嫌われてもいいの？　まあ，いいか。さっきも言ったけど，別に実験者の指示に従わなくっても被験者に危害が加えられるようなことはないんでしょ。まあ，途中でやめたらアルバイト代はもらえなくなるかもしれないけど。でも，ぜんぜん悪いこともしていない生徒が苦しんで，やめたがっているのを聞いたら，私だったら，そのときにすぐにやめると思うな。ちゃんと自分の正直な気持ちを言うよ。お父さんは，私に，そんな人間になってほしかったんじゃないの？

父親　うーん，そうだよね。でも，まあ，それは置いといて，他の人はふつう，どうすると思う？　それから，この実験に被験者として実際に参加した人たちの結果はどうなったと思う？　みんな，夏子と同じようにするかな？

夏子　うーん，そんなに変わらないんじゃないかなあ。もちろん，どこでやめるかは人によって少しは違うかもしれないけど……。最初にお父さんが覚えておくように言ったように，被験者はふつうの人たちなんでしょ。そうだなあ，もしかしたら100人に1人くらいは異常なやつがいて，最

1章　私たちの行動を左右するものは？

後まで電圧を上げていってしまうかもしれないけど，ほとんどの人は，少なくても生徒が大声を出したり，「もういやだ」と絶叫したりしたところで，やめるんじゃないかなあ。それこそ，たとえ15ボルトのわずかな電圧でも，「人に電気ショックを与えるなんてできません」と最初から言う人もいるんじゃないかなあ。

父親　うーん，ある意味では，いい線いってるね。ただし，ある意味ではね。というのは，今お父さんが夏子にしたような質問を，多くの精神科医や，心理学者，学生，いろいろな職業の一般の人たちにミルグラムがしてみたところ，だいたい，今夏子が予想したような回答だったんだ。とくに，「あなただったら，どうしますか？」という質問に対しては，「最後まで続ける」と答えた人は，100人以上の人に聞いても1人もいなかったんだ。

夏子　そりゃそうだよ，お父さん。で，本当にやってみた結果はどうだったの？　もったいぶらないで早く教えてよ。

父親　はい，はい。じつはね，この実験の話をしようと思って，実験の結果をまとめた表をコピーしてきてあるんだ。結果はこうだよ。

　さて，まだ次のページをめくらずに，ここで，実際の結果はどうだったのか，読者のみなさんも考えてみてください。たとえば，最後まで実験者の指示に従って実験を続けた被験者はいたのか，いないのか，もしいたとしたら，それは全体の何％くらいの人たちか，それから，多くの人がやめるのは何ボルトのあたりか，などといったことについて推測してみてください。

表1　お父さんが夏子ちゃんに見せた結果の表

電圧の強さ	人数
わずかなショック	
15	
30	
45	
60	
軽いショック	
75	
90	
105	
120	
強いショック	
135	
150	
165	
180	
かなり強いショック	
195	
210	
225	
240	
はげしいショック	
255	
270	
285	
300	♟♟♟♟♟
強烈なショック	
315	♟♟♟♟
330	♟♟
345	♟
360	♟
危険：きわめて強烈なショック	
375	♟
390	
405	
420	
×××	
435	
450	♟♟♟♟♟♟♟♟♟♟♟♟♟♟♟♟♟♟♟♟♟♟♟♟♟♟
合計	40人

（注）それぞれの電圧の電気ショックを送った後で実験をやめた被験者の人数

夏子　エーッ，なにこれ，お父さん，本当なの？　最後まで続けた人が半分以上，というよりも，40人中26人っていったら，3分の2くらいもいるじゃない。それに，一番早くやめた人でも300ボルトまでやったの？　信じられない。だって，被験者はふつうの人たちだったんでしょ。

父親　ああ。でも，事実だよ，これは。そして，ぼくらの常識ではふつう予測できない結果だからこそ，学問的にはおもしろいんだよ。もっとも，ミルグラム自身も，これほどの結果になるとは思っていなかったそうだけどね。

夏子　でも，なぜ？　なぜ，生徒が苦しがって，やめたがっているのがわかっていたはずなのに，あんな残酷なことができるの？　ふつうの神経をもっているとは思えないよ。

父親　でもね，さっき夏子も言ったように，被験者はそんなふうに異常だと思われるような人たちではなかったんだよ。まあ，夏子が信じられないと思うのも無理ないし，そう思う気持ちをもっていてほしいとは思うよ。でね，なぜ人間がこんなにも他の人の指示や命令に従って残酷な行為をしてしまうのか，ということについては，かなり長くなるから，また今度話すことにして，このミルグラムの実験を通して，お父さんは，夏子に，どんなことを伝えたかったんだと思う？

夏子　うーん……。でも，ちょっと待ってよ，お父さん。被験者は全部，男の人だって言ってたよね。女の人だったら，あんな残酷なことはしないんじゃない？

父親　ハハ，夏子がそう考えるのも無理ないかもしれないね。それからね，人の言うことを簡単に鵜呑みにせずに，そんなふうに「でも」とか「こうかもしれない」って，いろいろ考えてみるのは大切なことだと思うよ。でもね，今回の夏子の予測はハズレ。じつはね，ミルグラムは，女の人を被験者にした実験もやっているんだ。でね，結果は男の人の場合とほとんど同じだったんだ。

夏子　エーッ，ショック。

父親　じゃあ，もう一度，聞くよ。お父さんが夏子に言いたかったことは，どんなことだと思う？

夏子　うん，最初にナチスの話をしたよね。で，あのときに私は「ナチスの人たちって，正常な人間とは思えない」って言ったけど，異常な人間だからあんなことをしたんじゃなくって，ふつうの人でも，つまり，だれでも，同じような状況に置かれたら，上官に命令されるままにあんな残酷なことをしてしまう可能性があるってこと，そんなことを言おうとしたんじゃない？

父親　うん，まずは，そういうこと。よくわかってくれたね。でもね，そこから先に，もう少し言いたいことがあるんだ。それは，次のお酒をついでもらってから話すよ。少し休憩。

◆──学問のためだからといって……

　ミルグラムが行った実験を通して，私がみなさんに

伝えたかったことについて解説するのは後回しにして，みなさんが心理学に対してある種の誤解をもってしまわないように，ここで少し本題からはずれたことについて説明しておきます。それは，夏子ちゃんが「研究のためだからといって，そんなに人をだましていいのかなあ」と言っていたように，「学問のためだからといって何をやっても許されるわけではない」ということです。

　心理学の研究では，ふつう，被験者が研究の目的をあらかじめ知っていると自然な反応が得られなくて，人間の本当の姿を的確にとらえることができなくなる可能性が高いために，実験に入る前の説明においては，被験者に対して研究の目的をあいまいにしておきます。ですから，相手に十分な説明をしたうえで実験への参加を承諾してもらうことであるインフォームド・コンセントが得られていないことになります。また，それだけならまだしも，目的をさとられないようにするためや意図した状況をうまくつくるために，被験者に対して積極的にウソをつくこともあります。ですから，道徳的な面では非常に望ましくないことをしていることにもなりかねません。しかし，「ウソも方便」という諺があるように，人間についての理解を深めて，「どうしたら，私たちの生活をより良いものにできるか」ということについて考えるときに役に立つデータを得るためには，やむを得ない面もあると思います。そして，どのような場合のどのようなウソは許されて，

どのようなウソは許されないのかに関する明確な基準などはないでしょう。ですから，ウソを用いることの是非に関しては，それぞれの研究において，その意義とウソをつくことが被験者に与える害についてさまざまな角度から検討し，慎重に判断しなければならないと思います。

それから，「学問のためだからといって何をやっても許されるわけではない」ということにかかわるもっと重要な問題として，「被験者に肉体的または心理的苦痛を与えてはならない」ということがあります。じつは，ミルグラムの実験の被験者の多くは，生徒の悲鳴やわめき声を聞いても平然と電圧を上げていったわけではありません。多くの人は，実験者に「どうしましょうか？」とたずねたり，「あなたはこれが良いことか悪いことか考えたことがあるんですか」などと抗議しました。そして，それだけでなく，発汗，ふるえ，舌のもつれ，不自然な笑いなどの，過度の緊張や不安による極度のストレス状態にあったことを示す反応をした被験者もたくさんいたそうです。

たしかにミルグラムの実験は，人間についての深い理解につながる，説得力のあるデータを示したという意味では，学問的価値の高いものだと言えるでしょう。しかし，以上のような重大な倫理的問題も含んでいるため，多くの批判を受けました。そして，ミルグラムの実験などが引き金となって研究を実施する際の倫理的問題についてのさまざまな論議が心理学の学界の中

で行われ,現在はミルグラムの実験が実施されたころよりもかなり慎重な姿勢がとられています。

> 課題1 ミルグラムの実験の方法を,友だちや,先生,家族の人などに話して結果を推測してもらったり,結果を教えて感じたことについて話し合ったりしてみてください。

さて,ミルグラムの実験を知って,かなり気持ちが重たくなってしまった人がいるのではないかと思います。でも,すみませんが,重たい話に,もう少しつきあってください。そうすれば,「ものごとについての心理学的な考え方」,その中でもとくに「社会心理学とよばれる学問の,人間についての考え方の特徴」が,きっとわかってもらえると思います。そして,それが,ミルグラムの実験を通して,私がみなさんに伝えたかったことでもあるのです。

◆──There is safety in numbers.

まず,見出しとして書いた上の英文を訳してみてください(すぐに次のページを読まずに,しばらく自分で考えてみてください)。……

これはアメリカの古い諺で,「人がたくさんいるところは安全だ」という意味です。おそらく,現代でも,多くの人たちはこのように思っているのではないでしょうか? みなさんはどう思いますか?

◆──キティ・ジェノヴィーズ事件

これは,もう40年近くも前に起きたことなのですが,アメリカ最大の都市であるニューヨークの住宅街の通りで,キティ・ジェノヴィーズという名前の若い女性が,夜中にナイフを持った男に襲われ,30分くらいの間,悲鳴をあげながら逃げ回ったあげくのはてに殺されてしまいました。ただし,この事件はたしかに恐ろしい悲惨なできごとなのですが,最初は世間の注目をほとんど浴びなかったそうです。しかし,あることをきっかけに,この事件はアメリカ中の注目を浴びることになりました。それは,事件の数週間後に,ニューヨーク・タイムズという新聞で,少なくとも38人の住人がキティの悲鳴に気づいてアパートの自分の部屋から現場を見おろしていたことが報道されたからです。しかも,その38人の目撃者たちは,キティが男に襲われていた30分もの間,だれ1人として自分で彼女を助けに行かなかったばかりか,電話で警察に通報をした人も1人もいなかったそうです。つまり,「そこには多くの人がいたにもかかわらず,そこは安全ではなかった」のです。先に示した 'There is safety in numbers.' という,おそらく多くの人があたりまえのこ

とのように思っていることは、事実ではないのでしょうか？　なぜ、多くの目撃者がいたにもかかわらず、彼女はだれからも助けられなかったのでしょうか？　すぐに次を読まずに、しばらくの間、これらの問いについて自分なりに考えてみてください。……

◆──**常識的な解釈：そういう人たちだから**

　当時、精神分析家や社会学者とよばれる学者やニュースのコメンテーターの多くは、目撃者たちがキティを助けなかった原因について、「大都市に住むようになって、人々が孤立化し、他の人たちに対して無関心になったり、人間性が失われたりしてきているからだ」というような解説をしたそうです。後で詳しく述べますが、私たちは、この学者やコメンテーターの人たちのように、何か（予想外の）ことがあったときに、その原因はそこにかかわった人たちの性格や能力などにあると考えがちです。つまり、私たちには、「もともと性格や能力が〜だから（または、人間が…になってきているから）問題になっているようなことをしたんだろう」というような解釈（だけ）をしてしまう傾向があります。

　このような考え方は的を射たものであることも多いでしょうが、常識の裏に隠された重要なことを見過ごすことにもなりかねません。また、このような考え方ばかりしているのでは、専門家としての鋭さといったものが感じられません。

1章 私たちの行動を左右するものは？

◆──ある心理学者たちの考え：そういう状況だったから

　ラタネというアメリカの社会心理学者とその仲間たちは，キティ・ジェノヴィーズ事件について，「そこにいた人たちが～だから」というような考え方をせずに，「そこに同時に多くの人がいたから目撃者たちは彼女を助けなかったのではないか？」と考えました。つまり，キティを助けなかった目撃者たちの人格的な特徴を重視せずに，「そこに同時に多くの目撃者がいた」という，事件が起きた状況に注目したのです。しかも，彼らは，「同時に多くの人がいる」という状況が，世間の常識に反して場を安全ではないものにするのではないかと考えました。

　ラタネたちの考えは次のようなものです。

① 多くの人は，「困っている人がいたら，助けるべきだ」といった責任感とか義務感のようなものを多少なりとももっていると思います。しかし，キティ・ジェノヴィーズ事件のような場面に遭遇したときには，「巻きぞえを食ったら大変だ」とか「面倒なことになりはしないか」というような不安を感じ，助けようかどうか，迷うでしょう。そして，このようなときに，同じ立場の人が同時に多くいるほど，「自分が助けなくてもだれかが助けるだろう」というような気持ちをもちやすくなると考えられます。また，後で助けなかったことを非難されても，自分ひとりにそれが集中することはないと考えるでしょう。このような気持ちがはたらくために，人は，「そこに同じ立場の人がたくさんいるほど困っている人を助けない」とい

自分ひとりだと助けようとするが……

　　　　　う無責任な態度をとりやすくなると予測されます。
②キティ・ジェノヴィーズ事件のケースでは，目撃者たちは，夜中にアパートの自分の部屋から現場を見おろしていました。つまり，目撃者たちのいた場所と現場の間にはかなりの距離がありました。そのために，女性が男に追われて悲鳴（らしきもの）をあげていても，すぐに助けなければならない緊急事態であることが明らかではなかったと推測されます。たとえば，「恋人どうしが酔っぱらってふざけていたり，ちょっと派手なけんかをしているだけなのかもしれない」などと考えることもできたと思います。そして，目撃者たちは，このような状況で，窓際（まどぎわ）に立って事態を見ているのに（ちょっと見ただけでは，冷静にしていて）何もしようとしない人たちが自分

1章 私たちの行動を左右するものは？

以外にもたくさんいるのを（互いに）見ていたのだと思います。このようなとき，おそらく多くの人は，本当は「助けに行かなくてもいいのだろうか，助けに行ったほうがいいんじゃないか」と迷っていたにもかかわらず，そのようなようすまでは互いにわからないので，「たいしたことではないのだろう」と思って（自分を納得させて）しまったのではないかと考えられます。このように，そこに同じ立場の人がたくさんいるほど，人は事態が重大ではないと解釈しやすくなるため，実際には困っている人を助けなくなるのだと予測されます。

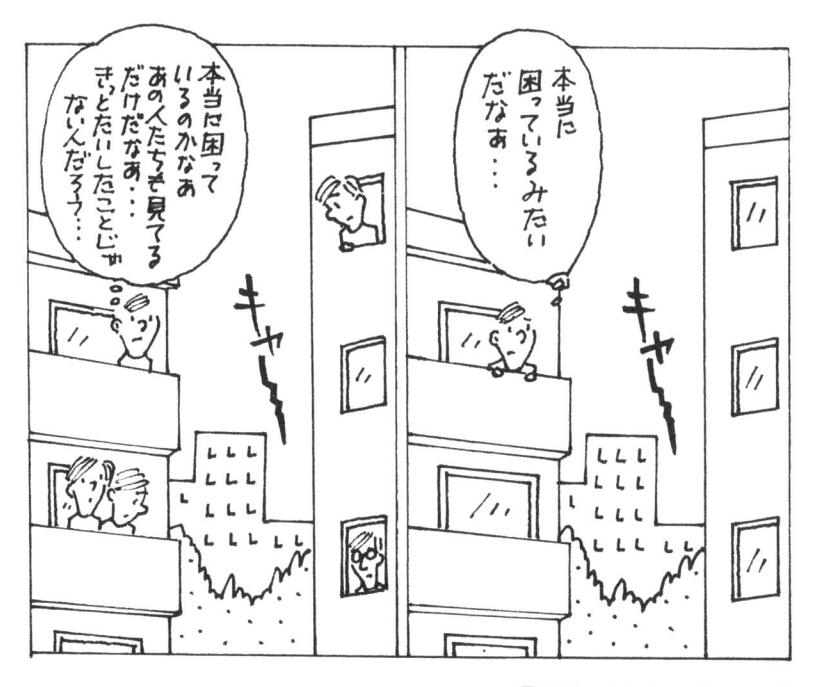

There is safety in numbers……？

ここでは詳しい内容は省きますが，ラタネたちは，以上のような考えが正しいことを示すために，たくさんの実験を行いました。そして，「私たちには緊急事態を目撃している人が同時に多数いるほど困っている人を助けようとしなくなる傾向があること」と「そこには上記の①と②のような**心のはたらき**がかかわっているであろうこと」を示す多くの研究を報告しています。

◆——心理学の妙味

　ラタネたちの考え方を通して，心理学の妙味（鋭い点やおもしろ味）をちょっとは感じてもらえたでしょうか？

　人が何か問題のある行動をしたときに，私たちは，よく考えずに，「もともと残酷で冷たい人だから，あんなことをしたんだろう」などというように，原因が行為者の人間性にあると思ってしまいがちです。そして，このように考えれば，その問題のある行動を（ふつうの人間であるはずの）自分とは関係のないことだとみなすことができるでしょう。

　これに対して，心理学の中でもとくに社会心理学とよばれる研究領域では，このような常識的な解釈だけにとどまらずに，問題のある行動の原因としてその場の状況の影響を重視する傾向があります。つまり，「何か事情はなかったのか？」などというように，その場の中に原因を求めようとするわけです。そして，

このように考えることは，問題になっているような行動をしてしまう可能性がだれにでもあることを警告することにつながるのです。

　社会心理学的な考え方は，私たちにとって，すごくためになるものだとは思いませんか？

　じつは，アイヒマン実験を行ったミルグラムは，ユダヤ系アメリカ人です。つまり，民族的にはナチス・ドイツによって迫害を受けた人たちの仲間なのです。しかし，ミルグラムは，「ナチスがあのような異常だと思われる行為をしたのは，彼らがもともと異常で冷酷な人間だからだ」などと決めつけることはしませんでした。そして，「同じような状況に置かれたら，多くのふつうの人たちも同様の行為をするであろう」と考え，このような考えを裏づける実験を行ったのです。

◆──ちょっと断っておきますが……

　ここでも誤解されてしまうと困るので断っておきますが，ナチスが行った行為が彼らだけの人間性の問題のせいではないにしても，あのような残虐な行為をしたことが許されるわけではないと思います。つまり，「ナチスの人間に罪はない」などと主張するつもりはありません。あのような行為をしたことについては，彼らは，当然，責任を負うべきだと思います。

　それから，キティ・ジェノヴィーズ事件のようなできごとは，過去，日本でも何度も起きています。私が知っているものでは，1974年の12月22日に神戸の繁華

街で起きた「1人の高校生が3人の男たちに殴られて殺されてしまった事件」，1985年の6月18日に大阪で起きた「老人などを相手に大規模なサギ事件を起こした豊田商事の永野会長が2人の男によって刺殺された事件」，1993年11月4日に東京の私鉄の駅で起きた「男性2人がもみ合いになり，1人がもう1人に押し倒されて電車とホームの間に挟まれて死亡した事件」があります。いずれも現場に多くの人がいたにもかかわらず，助けられなかったことがわかっています。ますます重たい気持ちになってしまうかもしれませんが，興味をもった人は，その当時の新聞などを調べてみてください。

課題2　テレビや新聞などを通して知った，外国や他の地方の人たちの日常生活のようすや，なんらかの事件を起こした人たちのことの中で，「自分の常識では考えられない」とか「あの人たちは自分とは違う」などと感じたことを思い出してみてください。そして，その人たちが報道されているようなことをした（または，している）理由や事情としてどのようなことがありそうかを推測してみてください。

　なお，なるべく考えたことを紙に書いてみてください。そのほうが，考えが深まったり，うまくまとまったりすると思います。

45

1章 私たちの行動を左右するものは？

◆――学生さんのレポート：その2

　学生さんが書いてくれたレポートを，もう1つ読んでみてください。

　　私の両親は教師である。けれど，ふだんの生活の中で，私は自分の親が教師だということを意識したことがない。それは，私の親が，家庭ではふだん，親だからである。しかし，家ではない場面で自分の親を見る機会があり，そのとき，私は初めて両親の中に教師という顔があるということを認識した。そこで見た親は，とても自分の親とは思えなかった。そのときの親は教育者であり，私が見ても「教師」というふうにとらえられた。家の中では下品な言動をしたり，むちゃくちゃなことをやらかしたりする親がまじめに教師として授業をしているのを見ると，不思議でもあり，少し

同一人物？

おもしろおかしくもあった。そして，同時に，人間というものは場面が違うとこんなにも人格まで変わって見えるものなのか，ということを感じた。そしてまた，人間には，場面によってそのときそのときのすべきことがあるのだなと思った。

　また，違う話であるが，私には好きな人がいるが，その人に対する態度は周囲の状況にかなり影響されていると思う。たとえば，友だちと，私と，その人とで話しているときは，その人に私は好意的に接することができない。けれど，その人と二人きりのときは，私はとてもかわいい（？）女の子になる。その人に好意いっぱいに接している。なにゆえこんなにも行動が違うのか，自分でもそれはわからないし，意識的に変えているつもりもない。まわりの状況によって自動的にスイッチが切り替わるのかもしれない。

私って，いったい？

北大路書房の図書ご案内

教育・臨床心理学中辞典
小林利宣 編
A5判 504頁 3495円 〒340円

教育現場の質的制度的変化や学問的な進歩に対応。約1400項目を，一般的な重要度により小項目と中項目とに分け，小辞典では不十分な内容を充実しながらコンパクトに設計。

発達心理学用語辞典
山本多喜司 監修
B6判上製 430頁 3592円 〒310円

発達心理学の分野に焦点を絞った日本初の用語辞典。社会の変化，高齢化社会の現状にも対応する952項目を収録。「発達検査一覧」ほか付録も充実。活用度の高いハンディな一冊。

改訂新版 社会心理学用語辞典
小川一夫 監修
B6判上製 438頁 3700円 〒310円

定評ある旧版の内容の整備・充実を図り，140項目を増補した改訂新版。人名索引も新たに整備したほか，中項目中心の記述方式を採用。授業・研究など幅広く，永く活用できる。

ちょっと変わった幼児学用語集
森 林 監修
A5判 206頁 2500円 〒310円

7つのカテゴリー，遊び，こころ，からだ，内容・方法，制度・政策，社会・文化，基礎概念に区分された基本的な用語と，人名項目，コラムを収録した［調べる］［読む］用語集。

価格はすべて本体で表示しております。
ご購入時に，別途消費税分が加算されます。

〒603-8303
京都市北区
紫野十二坊町12-8

北大路書房

☎ 075-431-0361
FAX 075-431-9393
振替 01050-4-2083

好評の新刊

心理学マニュアル 要因計画法
後藤宗理・大野木裕明・中澤　潤　編著
A5判　176頁　1500円　〒310円

心理学の研究法としては一番オーソドックスな，実験の計画から統計処理までを扱う。単純か難解かに偏っていた従来の類書を克服した，実践的な内容となっている。

心理学マニュアル 面接法
保坂　亨・中澤　潤・大野木裕明　編著
A5判　198頁　1500円　〒310円

カウンセリングに偏りがちだった面接法を「相談的面接」と「調査的面接」の2つに分け概観を紹介するとともに，具体的な手順を解説し，より応用範囲の広いものとしている。

トワイライト・サイコロジー
心のファイルx　恋と不思議を解く
中丸　茂　著
四六判　274頁　1800円　〒310円

恋愛における非合理な心の動かし方や行動，また，超常現象，迷信等の非日常的な現象を信じること…そのような心理を解明をするとともに科学的なものの考え方を身につける。

マンガ『心の授業』
自分ってなんだろう
三森　創　著
A5判　136頁　1300円　〒310円

心はフィーリングでつかむものではなく，一つひとつ知識としてつかむものである。95％マンガで書かれた，誰にでも読める心理学の本。「心の教育」の教材として最適。

記憶研究の最前線
太田信夫・多鹿秀継　編著
A5判　上製326頁　4000円　〒340円

心理学における現在の記憶研究の最前線を，話題性のあるものに絞りわかりやすく紹介するとともにそのテーマの研究の今後の動向を簡潔にまとめ，研究への指針を提示。

ウソ発見
犯人と記憶のかけらを探して
平　伸二・中山　誠・桐生正幸・足立浩平　編著
A5判　286頁　2200円　〒310円

ウソとは何か？　犯罪捜査での知見を中心に，そのメカニズムをわかりやすく科学的に解明する。「ポリグラフ鑑定」だけでなく，ウソに関するさまざまな疑問にも答える。

犯罪者プロファイリング
犯罪行動が明かす犯人像の断片
J.L.ジャクソン・D.A.ベカリアン　著
田村雅幸　監訳
A5判　248頁　2200円　〒310円

マスコミ報道などによって広められた隔たったプロファイリングのイメージを払拭し，化学的手法によって行われている実際のプロファイリングの内容の「真実」を伝える。

インターネットの光と影
被害者・加害者にならないための情報倫理入門
情報教育学研究会・
情報倫理教育研究グループ　編
A5判　198頁　1600円　〒310円

インターネットの利便性（光の部分）とプライバシーや知的所有権侵害・電子悪徳商法・有害情報・ネット犯罪等の影の部分を知り，ネット社会のトラブルから身を守るための本。

教育学―教科教育, 生徒指導・生活指導, 教育相談, 等

ケアする心を育む道徳教育
伝統的な倫理学を超えて
林　泰成　編著
A5判　224頁　2400円　〒310円

N・ノディングズの「ケアリング」の概念を解説したうえでその概念を応用した授業実践例を挙げ，関係性の構築による心情面の育成に力点をおいた道徳教育のありかたを呈示。

続 道徳教育はこうすればおもしろい
コールバーグ理論の発展とモラルジレンマ授業
荒木紀幸　編著
A5判　282頁　2400円　〒310円

大好評の前作より10年。この間，おおいに注目され，高い評価を得てきたコールバーグ理論に基づく道徳授業実践の，現段階での成果と今後の可能性についての集大成。

道徳的判断力をどう高めるか
コールバーグ理論における道徳教育の展開
櫻井育夫　著
A5判　286頁　3000円　〒310円

道徳性発達理論とアイゼンバーグの向社会性発達理論を中心に，認知発達理論を実際の道徳授業と関連させながら説明し，理論に基づいた具体的な授業展開の仕方も紹介。

生きる力が育つ生徒指導
松田文子・高橋　超　編著
A5判　248頁　2500円　〒310円

「現代社会における子ども」という視点を明確にしつつ，豊富な具体的資料やコラムを掲載し，読者が多次元的視点を身につけられるように編集。教師の役割を根本から考え直す。

図説 生徒指導と教育臨床
子どもの適応と健康のために
秋山俊夫　監修
高山　巌・松尾祐作　編
A5判　258頁　2427円　〒310円

現場で生徒指導・教育相談に携わってきた著者陣により執筆された教育職員免許法必修科目の「生徒指導」，「教育相談」，および「進路指導」のためテキスト。

生き方の教育としての学校進路指導
生徒指導をふまえた実践と理論
内藤勇次　編著
A5判　244頁　2233円　〒310円

生徒指導と進路指導は「いかに生きるかの指導」という面で一体化している。「入試のための進学指導」「就職斡旋のための職業指導」からの脱出を図ることをめざして書かれた。

あらためて登校拒否への教育的支援を考える
佐藤修策・黒田健次　著
A5判　246頁　1748円　〒310円

本書では登校拒否を，子どもが大きくなっていく過程で起きる一種の挫折体験であるとし，これに子どもが立ち向かい，それを克服していくような「教育的支援」を強調。

学校教師のカウンセリング基本訓練
先生と生徒のコミュニケーション入門
上地安昭　著
A5判　198頁　1942円　〒310円

教師自身にカウンセラーとしての資質・能力が要求される昨今。本書ではカウンセリングの理論学習に加え，その実践的技法の訓練を目的とし，演習問題と実習問題を収録。

教育学―家庭教育・社会教育, その他

家庭のなかのカウンセリング・マインド
親と子の「共育学」
小田豊 著
B6判 182頁 1553円 〒240円

今の「豊かさ」の意味を問いながら，「子どものいのちの輝き」を考える。子どものあるがままを受け入れ，子どもの心の流れにそうことから家庭教育の再考を提起する子育ての本。

「やる気」ではじまる子育て論
子どもはやりたいことをやる
山崎勝之・柏原栄子・皆川直凡・佐々木裕子・子どものこころ研究会 著
四六判 192頁 1602円 〒310円

「間違った方向にいじられている子どもたちを守りたい！」そう願う著者らによって編集された新しい子育て論。内からのやる気をそこなわない子育てを追求する。

いま, 子ども社会に何がおこっているか
日本子ども社会学会 編
A5判 246頁 2000円 〒310円

子どもをめぐる社会・文化という「外にあらわれた姿」を手がかりに，多角的な視点から子どもの実態と本質を鋭くあぶり出す，第一級の研究者による力作。

学校で教わっていない人のためのインターネット講座
ネットワークリテラシーを身につける
有賀妙子・吉田智子 著
A5判 230頁 1800円 〒310円

生活の道具になりつつあり，学校でも教えるようになってきた「インターネット」。その活用の技を磨き，ネットワークを介した問題解決力を身につけるためのガイドブック。

視聴覚メディアと教育方法
認知心理学とコンピュータ科学の応用実践のために
井上智義 編著
A5判 240頁 2400円 〒310円

情報機器や新しい視聴覚メディアの教育現場での望ましい活用方法を示すとともに，そのような視聴覚メディアを利用した豊かな教育環境を整えるための適切な方向性を提示する。

京都発 平成の若草ものがたり
清水秩加 著
A5判 208頁 1500円 〒310円

現在，競争，管理教育，いじめ等を体験した最初の世代が親になっている。育児を通して自らも成長するという視点で描かれた4人の子をもつ母親の子育てマンガ＋エッセイ。

質的研究法による授業研究
教育学／教育工学／心理学からのアプローチ
平山満義 編著
A5判 318頁 3200円 〒310円

新しい時代の授業のあり方を求めて，3つの分野（教育学，教育工学，心理学）からアプローチする，質的研究法の最新の成果を生かした授業研究の書。

教科書でつづる近代日本教育制度史
平田宗史 著
A5判 280頁 2427円 〒310円

教科書に関する基礎的な問題を歴史的に記述し「教科書とは自分にとって何であり，また，あったか」を考える啓蒙書。義務教育を終えた人ならだれでも理解できるよう配慮して執筆。

幼児教育，福祉学，その他

子どもはせんせい
新しい預かり保育実践から見えたもの
冨田ひさえ 著
四六判 176頁 1800円 〒310円

社会的要請は強いものの，単なる「預かり」保育に終始していた延長保育に従来からの枠を超えたカリキュラムを導入した実践記録をドキュメントタッチで紹介。

レッジョ・エミリア保育実践入門
保育者はいま，何を求められているか
J.ヘンドリック 編
石垣恵美子・玉置哲淳 監訳
B5判 146頁 2300円 〒310円

イタリアで実践され，世界的に注目を集めている保育実践の，アメリカでの入門書。ヴィゴツキー理論の新たな展開と，日本での実践可能性を示す。

一人ひとりを愛する保育
計画・実践，そして記録
飯田和也 著
A5判上製 146頁 1800円 〒310円

保育の方法から保育の計画，また障害児の保育を含めて具体的な事例を中心にまとめ，さらに毎日の保育が終わった時に「何を記録すべきか」という評価，反省についても記述。

形成期の痴呆老人ケア
福祉社会学と精神医療・看護・介護現場との対話
石倉康次 編著
A5判 262頁 2500円 〒310円

20年にわたる介護現場や介護者家族の実践的な模索の過程をたどり，痴呆老人ケアの論理を考える。痴呆になっても普通に生きられることが実感できる環境づくりのために。

チビクロさんぽ
ヘレン・バナマン 原作
森まりも 翻訳（改作）
A5変形判 58頁 1200円 〒310円

絶版になった原作のもつ長所をそのまま引き継ぎ，原作のもつ問題点を修正し，犬を主人公とした物語として改作。チビクロのさんぽ（散歩）のおもしろさ・楽しさを子ども達に。

チビクロひるね
森まりも 著
A5変形判 59頁 1300円 〒310円

『チビクロさんぽ』の続編〜オリジナルの創作絵本。ユニークなキャラクターがいろいろなものに変身。「だじゃれ」を超越した言葉遊びのイマジネーションの世界。

目撃証言の研究
法と心理学の架け橋をもとめて
渡部保夫 監
一瀬敬一郎・厳島行雄・仲 真紀子・浜田寿美男 編
A5判上製 590頁 6500円 〒380円

「目撃証言」「目撃証人」の取り扱いについて，心理学・法律学双方の専門家からその研究成果を明らかにし，現在の裁判所の「事実認定」，「操作の方法の改革」について提言。

科学を考える
人工知能からカルチュラル・スタディーズまで14の視点
岡田 猛・田村 均・戸田山和久・三輪和久 編著
A5判上製 402頁 3800円 〒340円

科学的発見や科学研究の実像をとらえるために現在とられている多様なアプローチの全体像を具体的な研究例をあげることによって紹介。第一線科学者へのインタビューも収録。

教育・保育双書 全22巻

秋山和夫・成田錠一・山本多喜司 監修

❶教育原理
秋山和夫・森川直編　2233円

❷保育原理
田中亨胤編　2300円

❸養護原理
杉本一義編　2427円

❹社会福祉
片山義弘編　2500円

❺児童福祉
杉本一義編　2427円

❻発達心理学
今泉信人・南博文編　2427円

❼教育心理学
祐宗省三編　2427円

❽子どもの臨床心理
松山欣子・秋山俊夫編　2427円

❾小児保健
清水凡生編　2500円

❿精神保健
品川浩三編　2427円

⓫保育内容総論
秋山和夫編　2427円

⑫内容研究 養護
小林一・安藤和彦・枴尾勲編

⓭内容研究 領域健康
生田清衛門・秋山俊夫編　2427円

⓮内容研究 領域人間関係
小玉武俊編　2427円

⑮内容研究 領域環境
秋山和夫・成田錠一編

⓰内容研究 領域言葉
横山正幸編　2427円

⑰内容研究 領域表現
大塚忠剛編

⓲乳児保育
土山忠子編　2427円

⓳障害児保育
田口則良編　2427円

⑳児童文化
秋山和夫編

㉑保育実習
坂本敬・安藤和彦編　2233円

㉒教育実習
秋山和夫編　2300円

※白ヌキ数字は既刊

1章　私たちの行動を左右するものは？

◆──人にはいろいろな顔がある

　今読んでもらった文章は、「自分や身近な人の行動が状況によってどのように異なるのか、そして、知らない人がそれぞれの状況における行動を見たらどう思うか、ということについて考え、思ったことを自由に書いてください」という課題に答えて書いてくれたものです。この文章に見事に表現されているように、私たちは、状況によって、人にすごく異なる印象を与えるであろう、さまざまな行動をしています。

　みなさんも、家でお母さんといるとき、お父さんといるとき、きょうだいと何かをしているとき、学校での授業中、クラブ活動をしているとき、親しい同性の友人と話をしているとき、好きな異性といっしょにいるとき、嫌いな人といっしょにいるとき、初めて会った人といっしょにいるとき、好きなことをやっているとき、やりたくないことをやらされているとき、などなどの状況によって、することやようすがかなり異なっているのではないかと思います。少し違う言い方をすると、私たちは、一人ひとりが、親、子、兄、姉、弟、妹、教師、生徒、○○委員、○○部のキャプテン、クラスメート、恋人、先輩、後輩、などのさまざまな役割をもっていて、それぞれの役割のもとで一見矛盾するような行動を自然に演じています。つまり、私たちは、役割に応じたさまざまな顔をもっているのです。そして、「どの役割のもとでの自分が本当の自分か」なんていうことは決められるものではなく、考えよう

によっては，どれもその人の本当の姿なのだと思います。

　ここで，話がちょっとむずかしくなってしまうかもしれませんが，「状況（というもの）」と「役割（というもの）」の関係についてもう少し説明しておきます。まず結論から言うと，役割は状況の1つだと思ってもらえばいいと思います。つまり，たとえば，みなさんにとって「お父さんやお母さんといっしょにいるとき」というのは，「子どもという役割」を演じることになる「状況」だということです（もちろん，たいていは意識的に演じているわけではないと思いますが）。

　それから，同じような状況であっても，私たちの行動は，いつも同じではありません。そのときの体調や気分などによっても変化します。そして，このような体調や気分というものは，その前にどのようなことがあったかによって変化します。ですから，このような体調や気分による私たちの行動の変化も，（その前の）状況に左右されたものだと言えるでしょう。

　みなさんも，同じ人といたら必ず同じようにふるまっているわけではないでしょう。同じ教科のテスト勉強をしていても，時と場合によって，やる気になったり，やる気をなくしたりすることがあるのではないでしょうか？　どうですか？

◆——プロ野球の選手が試合に負けて泣いた！

　ふだんのプロ野球の試合では負けたからといって泣くよ

1章　私たちの行動を左右するものは？

うなことはないのに，オリンピックの試合で負けたときは自然に泣けてしまった……。

これは，2000年度のパリーグのホームラン王および打点王である大阪近鉄バッファローズの中村紀洋選手が，2000年に開催されたシドニー・オリンピックに出場した後に言っていたことです。また，彼は，ふだんは捕れそうもないファウルにわざわざダイビング・キャッチを試みるようなことはしないのに，オリンピックのときは，そうではなかったようです。そして，「忘れていた高校球児のときの気持ちを思い出した」というようなことを言っていました。でも，オリンピックが終わり，プロ野球の試合にもどれば，いつものように，負けたからといって泣くわけではありませんし，捕れそうもないファウルにダイビングをするわけでもありません。状況の力って，すごいと思いませんか？

プロの選手だって負けて泣くこともある

◆――誤解のないように

以上のように，同じ人でも状況によって行動は大きく変化します。しかし，だからといって，私は，人の行動がその人の性格や能力などの個人的な特徴の表れである可能性を否定しているわけではありません。「～な人だから…なことをした」というようなことも

十分あり得ると思います。ただ，私が言いたいのは，「私たちが直感的に，または何気なく思っている以上に，人の行動は個々人の性格や能力よりも状況によって大きく影響されているものだ」ということです。

> 課題3　自分や身近な人の行動が状況によってどのように異なるのか，そして，知らない人がそれぞれの状況における行動を見たらどう思うか，ということについて考え，思ったことを自由に書いてください。

◆——私の失敗

　ある日の夕方，私は，何度か話をしたことはあるけれども，それほど親しくはない，自分よりも年上の先生と，イラストのような場面でバッタリお会いしました。そして，私とは反対のほうから歩いて来られて，ほんの少し先に同じ方向に曲がろうとしたその先生が，私に，ボソボソッと何かを言いました。そのとき，私はなんと言われたのか，よくわからなかったのですが，とっさに「そうですね」と答えてしまいました。ところが，後でよく考えてみると，どうやらその先生は，「前を失礼します」と言ったような気がするのです。私は「しまった」と思いま

バッタリお会いしたときに……

1章　私たちの行動を左右するものは？

した。だって，私の推測が正しければ，年上の人から「失礼します」と言われて，「そうですね」と答えてしまったのですから。でも，もちろん，私には悪気はありませんでした。

◆──mindless act

　上の英語は心理学の世界で使われている言葉なのですが，どういう意味だと思いますか？　先ほどの私の失敗談を手がかりにして，まずは自分で考えてみてください。……

　それでは説明します。「mind」という単語は「Don't mind.（ドンマイ，ドンマイ，気にするな）」というようなときによく使われていると思いますが，ここでは「思考」とか「意志」とか「意図」といった意味で，その後に付いている「less」は「〜なしの」とか「〜を伴わない」という意味です。それから，「act」というのは，この場合「行動」という意味です。ですから，mindless act というのは，「意図しない行動」とか「思考を伴わない行動」ということになります。つまり，この言葉は，「私たちは，ふだん，よく考えずに（または，意図せずに）いろいろなことをしている」ということを表しているのです。そして，そのよく考えずに行われる行動は，多くの場合，それぞれの状況で一般的に行われている習慣的な仕方に沿ったものであり，しかも「そんなふうにしよう」などと意識することなしに，自動的に行われることが多いも

のです。また，このような「思考を伴わない，無意図的な行動」は，とくに，自分にとってあまり重要でない事態や，予測していなかった「とっさ」のときなどに行われやすいことが知られています。そりゃ，そうですよね。いつも，あれこれ考えたうえで行動していたら，疲れて，しんどくなっちゃいますからね。

　先ほどお話しした，私の失敗談の場合も同じです。人から何かを言われたけれども，その内容がよくわからないときに，とっさに「そうですね」などと相づちを打ってしまうことは，多くの人がする，無難な行動だと思います。そして，それは，いつのまにか身について，習慣のようになっているものです。また，私は，「年上の人から何かを言われたときには，よくわからなくても相づちを打っておいたほうがいい」などとはっきり意識して「そうですね」と答えたわけではありませんでした。

　みなさんにも，「意図したわけではないけれど，つい～した」とか「なんとなく…した」というような経験はありませんか？　「つい，自慢たらしいことや生意気なことを言ってしまった」とか「なんとなく授業中だらけてしまった」というようなことはありませんか？　なにも「人に悪い印象を与えるようなことをしてしまった」というような場合だけではありません。たとえば，「ムッチャ○○」とか「超××」というような言葉が流行しているときに，別に「そういう言葉を使わないと友だちから嫌われる」などととくに意識

1章　私たちの行動を左右するものは？

しているわけではないのに，いつのまにかそういう言葉を使っていたようなことはありませんか？

◆——ここまでのまとめ

> 　私たちの行動は，先生である，生徒である，親である，子どもである，あるクラスのメンバーである，あるクラブのメンバーである，キャプテンである，などといった役割や，「○○君が指示した」とか「△△さんが見ていた」というような他の人の存在や，その前に起こったできごとなどの状況によって大きく影響され，それぞれの状況によって変化しています。
> 　また，私たちは，必ずしも，よく考えて，意図的に行動しているわけではありません。というよりも，「つい～した」とか「なんとなく…した」というようなことが多いものです。

　以上のようなことを，あえてむずかしい言葉を使ってまとめてみます。
　私が言いたかったのは，
「人の行動の状況依存性および無意図性ということについて意識しておいてください」
ということです。

2章

性格や能力の影響を重視しすぎる決めつけた考え方

◆――再び，心理学者と娘の会話

父親　夏子，さっきの続きを話す前に，もう1つ別の実験の話をしようと思うんだ。もちろん，ミルグラムの実験を通してお父さんが夏子に言いたかったことに関係するものだよ。

夏子　うん，いいよ。でも，さっきみたいに気持ちが重たくなるような実験なの？

父親　ううん。今度はそんなことないし，話もそんなに長くはならないよ。

夏子　うん。じゃあ，再びご講義をどうぞ。ふだんとは違うお父様。

父親　ハハ。ちょっとは見直してきたかい。それじゃあ，話すよ。今度の実験もアメリカで行われたもので，ジョーンズとハリスという社会心理学者が行ったものなんだ。でもね，実験の全部について話すとややこしくなるから，一部分についてだけ話すよ。[*2]

夏子　また，もったいぶって。早く話を先に進めてよ。

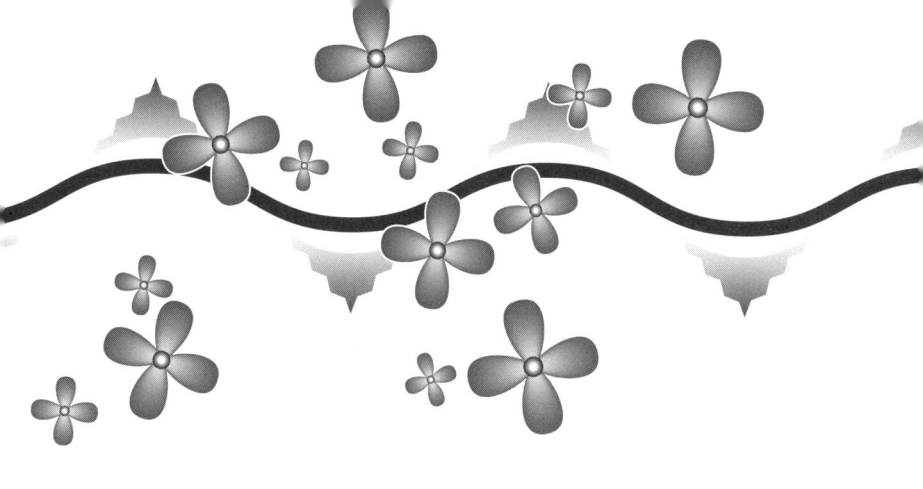

父親　はいはい。この実験はね、「人間というものは、他の人のことについて考えるとき、ちょっと問題のある、こんな困った癖をもっているみたいだ」ということを示すために行われたものなんだ。でね、ミルグラムの実験のときと同じように、まずは「どんなふうに行われたのか」という実験の方法について話すから、どんな結果になったのか、後で推測してみてね。

夏子　うん。今度はだまされないわよ。

父親　おいおい、お父さんはだましたりしてないよ。まあ、いいか。でね、まずおおまかに言うと、この実験ではね、最初に200くらいの単語でできているエッセイを、「アメリカのノース・カロライナ大学の学生が政治学の試験の答案に書いたものです」と言って、被験者の人たちに読んでもらったんだ。そして、その後で、エッセイを書いた人が、そのエッセイの内容にかかわることについてどういう意見をもっている人か、推測してもらったんだ。あ、それからね、被験者は、同じアメリカのデューク大学の学生たちだ

ったんだ。ところで，被験者というのは，もうわかるだろ。

夏子　うん，もちろん。実験に協力して，調べられる対象になってくれる人たちのことでしょ。

父親　おっ，さすが心理学者の娘。……関係ないか。で，それからね，エッセイは，その当時アメリカと激しく対立していたキューバのカストロ政権について書かれたものだったんだ。夏子は，キューバという国やカストロという人物のことは知ってるかい。

夏子　うん。たしか，キューバというのは，アメリカの南側にある社会主義の国でしょ。それから，カストロという人は，ずっとその国のリーダーをしてきた人だよね。

カストロ（1926〜　　）
Fidel Castro Ruz

アメリカ合衆国

キューバ

＊本文の中でお父さんが説明している内容は，『日立デジタル平凡社，CD-ROM世界大百科事典1998年版』を参考にして書きました。

父親　うん，そうだよ。なかなかよく知ってるじゃないか。カストロという人は，キューバで最も指導的な役割を果たしてきた政治家で，1959年に，それまでの独裁政権を倒して革命政府の首相になった人なんだ。そしてね，アメリカの植民地のようになっていたキューバをアメリカの支配か

郵便はがき

603-8303

まことに恐縮ですが、切手をおはり下さい。

京都市北区紫野
十二坊町十二―八

北大路書房
編集部　行

（今後出版してほしい本などのご意見がありましたら、ご記入下さい。）

愛読者カード

ご意見を、心から
お待ちしています。

(お買い上げ年月と書名) 　　年　　　月

(おところ) (〒　　　　) TEL (　　　)

_{ふりがな} (お名前)　　　　　　　　　　　　　年齢 (　　歳)

(お勤め先 または ご職業)

(お買い上げ書店名)　　　　　市　　　　　　書店 　　　　　　　　　　　　　　　　　　　　　・ 　　　　　　　　　　　　　　　　　　　　　店

(本書の出版をお知りになったのは？○印をお付け下さい)
　(ア)新聞名(　　　　)・雑誌名(　　　　)　(イ)書店の店頭
　(ウ)人から聞いて　　(エ)図書目録　　(オ)DM
　(カ)ホームページ　　(キ)これから出る本　　(ク)書店の案内で
　(ケ)他の本を読んで　　(コ)その他(　　　　　　　　　)

(本書をご購入いただいた理由は？○印をお付け下さい)
　(ア)教材として　　(イ)研究用として　　(ウ)テーマに関心
　(エ)著者に関心　　(オ)タイトルが良かった　　(カ)装丁が良かった
　(キ)書評を見て　　(ク)広告を見て
　(ケ)その他(　　　　　　　　　　　　　　　　　　　)

(本書についてのご意見) 表面もご利用下さい。

このカードは今後の出版の参考にさせていただきます。(お送りいただいた方には，当社の出版案内をお送りいたします。)

2章　性格や能力の影響を重視しすぎる決めつけた考え方

ら解放して，ラテン・アメリカで最初の社会主義革命を実現させた人なんだ。

夏子　ふーん。お父さんこそ，よく知ってるね。まるで，世界史か現代社会の先生みたい。

父親　ハハ。じつはね，夏子にこういう話をするために，きのう百科事典で調べておいたんだ。まあ，努力を評価してくれよ。でね，話を本題にもどすよ。被験者にエッセイを読んでもらうと言ったけど，エッセイには2種類あって，1つはカストロ政権を支持している内容で，もう1つは批判している内容だったんだ。

夏子　ふーん。賛成と反対が1つずつ，ということね。で，被験者の人たちは，その両方を読むの？

父親　ううん，違うよ。一人ひとりの被験者には，どちらか一方のエッセイだけが渡されたんだ。それからね，カストロ政権を支持している内容のエッセイを渡された被験者にも，批判している内容のエッセイを渡された被験者にも，「書き手が今から読んでもらうエッセイを書いたのは，試験問題が"そういう内容のものを書きなさい"と指示していたからです」と告げたんだ。本当は，どちらもジョーンズたちが作ったものなんだけどね。

夏子　またウソをついている。困ったもんだ。まあ，いいか。それはともかく，話を続けて。

父親　うん。さっき言ったことをもう少し具体的に説明すると，たとえば，カストロ政権を支持する内容のエッセイを渡された被験者には，「"今までの授業における講義や討論をふまえて，カストロ政権を支持する内容の説得力のある文章を書きなさい"という試験問題に対する答案の1つ

だ」と思わせたんだ。

夏子 ふーん。ということは，どんな内容のエッセイを書くかは，書き手の意志とは無関係に決められていたんだ。だから，本心で書いたものとは限らないんだ。というか，被験者には，そう思わせるようにしたんだ。

父親 うん，そうそう。そこが大事なところ。でね，今言ったようなことを伝えて，それぞれの内容のエッセイを読んでもらった後で，キューバのカストロ政権に対する書き手の本心を推測するように，被験者に言ったんだ。そしてね，書き手がカストロ政権に対してどのくらい支持的だと思うか，または批判的だと思うかについて，いくつかの質問をしたんだ。さあ，結果はどうなったと思う？　推測された書き手の本心は，どっちのエッセイを読んだかによって異なっていたと思うかい？　異なっていたとしたら，どう異なっていたと思う？

　さて，読者のみなさんも，すぐに続きを読まずに，結果がどうなったか，1分間くらい考えてみてください。……

夏子 ちょっと待ってよ，お父さん。「異なっていたとしたら」と言ったって，書き手が自分の意志で内容を決めたんじゃあないんでしょう。だったら，そこから書き手の本当の気持ちなんか推測できるわけないじゃない。だから，どっちのエッセイを読んでも，書き手がカストロ政権を支持しているか批判しているかなんて，わからないはずでしょ。だから，どっちを読んだかで推測が異なっていたとは思えないよ。被験者の人たちだって本人の意思で書いたん

じゃないことを知らされていたんだから、夏子と同じように推測すると思うよ。

父親　ハハ。常識的な理屈では、夏子が言う通りだと思うよ。でもね、それじゃあおもしろ味がないだろ。わざわざこんな実験を夏子に紹介するはずがないと思わないかい？

夏子　……そうだった。常識的に考えるだけじゃ、だめだった。でも、どっちのエッセイを読んだかによって推測された本心が異なるとしたら、やっぱりエッセイの内容どおりに推測されるってことじゃないかな。つまり、本人の意思とは無関係に書く内容が決められていたことを知らされていたのに、カストロ政権を支持している内容のエッセイを読んだ人は、批判している内容のエッセイを読んだ人に比べて、「書き手は本当にカストロ政権を支持している」と思っちゃったんじゃあないのかなあ……。でも……、でもね、そうだとしたら、書き手の人からみたら、自分の意志ではなく、試験問題の指示に従って書いただけなのに、「この人は、こんな考えをもっている人なんだ」と思われちゃったんだから、「そんな」って言いたくなるんじゃあないかなあ。私だったら、人に指示されてしかたなくやっただけのときに「この人は、こんな人なのか」なんて思われたりしたら、悲しくなっちゃうな。

父親　そう。結果は、今夏子が言った通りなんだ。つまり、ちょっとむずかしい言葉を使って言うと、「試験問題を出した先生の指示」という強力な状況の力の存在を知らされていたにもかかわらず、「カストロ政権を支持する内容、または、批判する内容のエッセイを書いた」という行動から、「どんな考えをもっている人か」という、その人の意

見とか気持ちというようなものが推測されちゃったんだ。……たしかに、「なぜ、この人は、こんな内容のエッセイを書いたのか」という理由とか原因についてちゃんと考えずに、「カストロ政権を支持している内容のエッセイを書いた。この人は、カストロ政権を支持しているんだ」と単純に考えてしまうのは、理屈に合わない考え方をしていることになるよね。でもね、人間というものはね、他の人たちに対して、こんなふうに理屈に合わない非合理的な考え方をしてしまうことがよくあるんだよ。夏子には、そんな経験ないかい？

夏子 うーん、そういえば、ある子が先輩に命令されてしかたなく悪いことをやったときに、そういう事情を知っていても、なんかその子に対して悪い印象をもったことがあると思うよ。

父親 そう、お父さんの言ったことがよくわかっているじゃないか。今夏子が言ったようなことに気づいてほしかったんだ。ただしね、先輩に命令されたからといって、いけないと思っていることをしてしまうのは、もちろん、いいことではないと思うよ。お父さんは、少なくとも夏子には、そんなふうにはしてほしくないよ。でもね、混乱させるようだけど、はっきり「いやです」と言うのがむずかしいこともわかるよ。だからね、少なくとも、他の人が良くないことをしたときに、「何か事情があるんじゃあないのかなあ」っていうようなことについて、ちょっとでも考えることができるようになってほしいんだ。

夏子 うーん、理屈ではわかるけど、実際にはむずかしそうだね。

父親　うん,それも,その通りだと思うよ。だから,「じゃあ,どうしたらいいんだろう」っていうことについては,また今度話すね。あっ,それからね,「たとえ指示されたんだとしても,そういう内容のエッセイを書けたのは,書き手がもともとそのような意見を少しはもっていたからだろう」などと考えることもできるかもしれないね。そしてね,そう考えたら,書かれた内容に沿って本心を推測するというのも,まったく理屈に合っていないわけじゃあないと思うよ。お父さんが伝えたかったことは,さっき夏子が言った通りだけど,他にもいろいろな考え方ができると思うよ。とにかく,考えるのを簡単にやめてしまわないことが大切じゃあないのかな？

夏子　はーい。これまた勉強になりました。人生のご師匠様。

◆──クイズの出題者は賢い？

　今のジョーンズとハリスの実験と同じようなことを物語っている実験を,もう1つ紹介します。ロスというアメリカの社会心理学者とその仲間たちが行った実験です。★3

　この実験では,男性どうしまたは女性どうしの2人の被験者がペアになって,いっしょに実験に参加しました。ただし,ミルグラムの実験と違って,どちらも本当の被験者です。さて,被験者たちは,最初に実験の目的などについての簡単な説明を受けた後,インチキではないカードを引いて,1人がクイズの出題者,もう1人が解答者の役をすることになります。ここが

ポイントです。2人とも，出題者か解答者かという互いの役割が，各自の能力や知性などによってではなく，単なる偶然によって決まったことをはっきりと知っていたのです。次に，出題者になった人は，自分は興味をもっていたり，得意であるために知っているけれども，相手は答えられないと思う質問を10個考えるように指示されました。つまり，たまたま出題者になった人だけが「自分は（あなたが知らない）こんなことを知っているんだぞ」と，自分の知識を相手に示す機会が与えられたのです。ですから，このような意味では，出題者のほうが解答者よりも当然有利な状況にあったわけです。ただし，「私のきょうだいの名前は？」などというような個人的な問題は禁止されていました。

　続いて，問題が出題者自身によって口頭で出されました。でも，多くの場合，解答者は半分も正解できませんでした。そして，その後で，出題者と解答者は，別々に，自分と相手の知性や教養の高さについて評定するように求められました。

　さて，結果です。出題者は自分と相手の知性や教養の高さを同じくらいに評定しましたが，解答者は自分よりも相手のほうが知的で教養があると評定しました。役割が偶然によって決まったことを知っていて，ちょっと考えれば，相手のほうが自分の知性や教養の高さを示すうえで有利な状況にあったことがわかるはずなのにです。それから，以上のような実験のようすを第三者に見せて，出題者と解答者の知性や教養の高

2章　性格や能力の影響を重視しすぎる決めつけた考え方

さについて評定を求めることも行われました。その結果，本人たちと同様に役割が偶然決まったことを知っていたのに，その第三者も，解答者よりも出題者のほうが知的で教養が高いと評定しました。何度も言いますが，役割が偶然決まったことはだれもが知っていたのです。ですから，以上のような結果は，私たちが他の人の性格や能力などについて非合理的な推測をしていることを示していると言えるでしょう。

出題者のほうが賢い？

　このように，私たちは，ある人の行動が役割に沿ったものであることを知っていても，そのことを考慮することなく，見聞きした行動から，「あの人は〜だ」と考えてしまいがちなのです。

またまたいきなりですが，みなさんは，映画やテレビで悪役を演じている人に対して，その人が本当に悪人であるような印象をいだいてはいませんか？　たしかに悪人だと思われやすい人だから悪役を依頼されている面もあるでしょう。しかし，それだけではなく，「演技であることはわかっていても，その演じられた行為を視聴しているときにはそのようなことはほとんど考慮されないため，その俳優さん自身に対してもいつのまにか悪人というイメージができてしまう」というような面はないでしょうか？

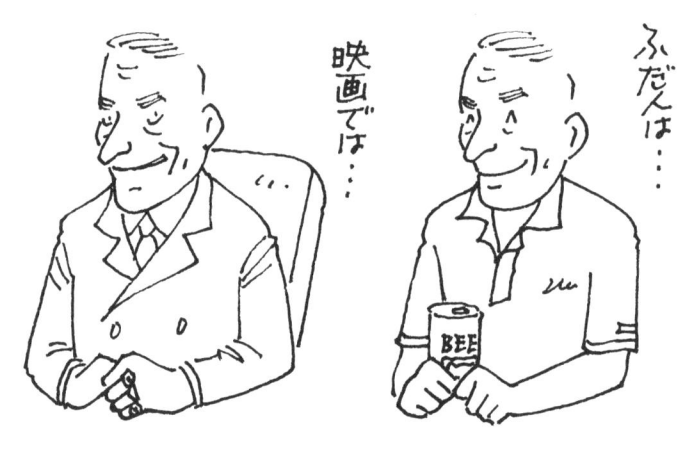

悪役は悪人か？

◆——そしてまた，心理学者と娘の会話

夏子　ねえねえ，お父さん，結局，ミルグラムの実験を使ってお父さんが私に言いたかったことって，なんなの？　もったいぶらないで，ちゃんと説明してよ。

父親　はいはい，わかりました。それじゃあ，話すよ。といってもね，さっき夏子が言ったことと，そんなに違うことじゃあないんだ。ミルグラムの実験を知って，夏子は，ナチスの人間がユダヤ人にあんな残酷なことをしたのは必ずしも彼らが異常な人間だからじゃなくて，同じような状況に置かれたらだれでも同じことをしてしまいそうだって，思ったよね。

夏子　うん，なんか悲しいけど，そう思うよ。

父親　でもさ，お父さんがミルグラムの実験の話をしなければ，夏子はナチスの人間についてどう思ってた？　ただ，なんとなく，「自分とは違う異常な人間だ」とか「残酷なサディストだ」って思ったままじゃあなかったかい？

夏子　うーん，きっと，そうだろうなあ。だれでも同じようなことをしてしまいそうな状況だったのに，そんなことおかまいなしに「異常だ」って決めつけていたと思うよ。

父親　そう，お父さんが言いたかったのは，そこなんだよ。人間がすることっていうのは，多くの人がなんとなく思っているよりも，そのときそのときの状況によって大きな影響を受けていると思うんだ。でも，人間はね，自分の場合はともかく，他の人がしたことについては状況の力に目を向けずに，「あんなことをするなんて，ひどい人だ」なんて，すぐに決めつけてしまいがちなんだ。もっとも，こんな話をしているお父さんも，しょっちゅう同じような考え方をしてしまっているけどね。

夏子　うん，言われてみれば，そんな気がする。さっきも言ったように，他の人が何かをしたのを見たり聞いたりすると，「何か訳があったんじゃあないのかなあ」って考え

ずに，すぐに「こういう人だ」って思っちゃうことって，よくあるもんね。

父親 そう，そういうことを少しでもわかっておいてほしかったんだ。それからね，心理学には，今夏子が言ったようなことを明らかにしている研究が他にもたくさんあるんだよ。

夏子 へえー，心理学って，おもしろそうじゃん。お父さん，これからも，たまにはこんな話をしてよ。

◆──ここで，ちょっと，まとめをしてみます

　53ページにまとめたように，私たちの行動は，役割や他の人の存在やその前に起こったできごとなどの状況によって大きな影響を受けています。つまり，状況に依存して変化しています。ですから，人がある状況においてなんらかの行動をしても，他の状況でも同じようなことをするとは限りません。したがって，それだけのことでは，「その人は，いつもそういうことをするような特徴をもった人だ」などとは言えないはずです。しかし，それにもかかわらず，私たちは，このような「人の行動の状況依存性」ということを考慮せずに，他の人が何かをしたのを直接見たり，人から聞いたりすると，すぐに「あの人は，いつもそうなんだろう。〜な性格だ」とか「あいつは，こう思っているに違いない」などと決めつけてしまいがちです。

　ジョーンズとハリスの実験やロスたちの実験の場合のように，見聞きした行動が状況の影響を強く受けた

2章 性格や能力の影響を重視しすぎる決めつけた考え方

ものであることが明らかなときでさえ，私たちは，それを十分には考慮せずに，その行動から，その人の性格や能力などの特徴を推測してしまうことがあるのです。ましてや，現実の多くの場面では，ある人のしたことに対して実際にはなんらかの状況の力が強くはたらいていても，それが私たちにはっきりわかるようなことは少ないはずです。ですから，私たちは，なんらかの事情があったかもしれないのに，そんなことにはなかなか注意を向けません。

◆——**似たような経験はありませんか？**

今説明したことについて，いくつか具体例をあげてみましょう。

＊春子からメールの返事が来ない。
　→冷たい子だ。
　→嫌われたのかなあ。

　［でも］あなたも，電子メールや手紙の返事を出すのが遅くなったり，そのまま出しそびれてしまったりしたことはありませんか？　春子さんも，たまたま忙しいときで，返事を書く余裕がないのかもしれません。それとも，どんなことを書こうか迷っていて，ついズルズルと遅くなっているのかもしれません。それから，単に忘れているか，もう出したつもりになっているのかもしれません。それに，パソコンか携帯電話が故障していたり，携帯電話をなくしてしまったりしている可能性だってあります。……

*転校生の秋雄は，この間の理科のテストがぜんぜんできなかった。

→あいつ，アホやなあ。

［でも］前の学校と今の学校とでは，使っている教科書や授業の進み具合が違うから，できなかったのかもしれません。それから，転校してきたばかりでいろいろたいへんで，しっかり勉強する余裕がなかったのかもしれません。それに，たとえ理科が苦手だとしても，他の教科もそうだとは限りません。……

*正盛と明香が，日曜日に街で仲良さそうに話をしていた。

→あの子ら，つきあっていたのか！

［でも］まだ，どちらかがアプローチし始めた段階なのかもしれません。それとも，男女何人かずつで遊びに行く約束をしていて，たまたま，まだその2人しか来ていなかっただけなのかもしれません。それから，クラスの委員か何かの関係で，2人で出かけなければならない用事があったのかもしれません。……

次の2つは，私自身の経験です。

*一明は，授業中いつも居眠りをしている。

→やる気のない，いいかげんなやつだ。いつもそうなんだろう。

［でも］たまたま，私の授業の前は，徹夜でコンビニなどでバイトをしているのかもしれません。それに，ク

世の中ラブラブな人たち
ばかりじゃありません

ラブをやっているときや他の授業のときは，もっと生き生きとしているのかもしれません。もしかしたら，私の授業がおもしろくないのかもしれません。考えてみたら，私も学生時代は授業中よく眠っていました。「自分のことは棚に上げて……」と言われてしまいそうです。

＊仕事の関係で初めて電話で話をした人が，口ごもっていて，何を言っているのか，よくわからなかった。
　→頼りなさそうな人だ。大丈夫かいな。
　［でも］後でわかったのですが，そのときは口内炎になっていたのだそうです。

◆――少数事例の過度の一般化

　ここまでに説明してきた「私たちがしてしまいがちな決めつけた考え方」について，少しむずかしい言葉を使って表現すると，**少数事例の過度の一般化**ということになります。これは，「ある人の行動の中の少数の事例に基づいて，本当はそんなに簡単に判断を下すことはできないにもかかわらず，"○○さんには，いつも（すなわち，一般的にも）そのような行動をする傾向がある"などというような行き過ぎた不当な推測をしてしまう」という意味です。

　それから，ここでの「少数」という言葉には，「他の人の行動について見聞きした回数が少ないこと」と「回数が多くても，同じような状況での行動しか見聞きしていないこと（つまり，状況がかたよっていること）」の2つの意味があります。

たとえば,「和秀は,"街へ遊びに行こう"と言っても,いつも断る。つきあいにくいやつだ」と考えたとします。この場合の「いつも」というのは,何回のことなのでしょうか？ 2,3回でしかないことが多いのではないでしょうか？ また,「誘ったのがいつも同じ曜日で,和秀君にはその日,人に言いにくい用事が毎週ある」というようなことはないでしょうか？

◆——人は必ずしも意図的に行動しているわけではないのに……

50ページからのところで,私の失敗談とmindless actという言葉を使って説明したように,私たちは,いつもよく考えて意図的に行動しているわけではありません。しかし,それにもかかわらず,私たちは,他の人が「なんとなく」とか「つい」行ったことを意図的であるようにみなして,「あんなことをするなんて,～な人だ」とか「あんなことを言うなんて,嫌われているに違いない」などと考えてしまいがちです。

たとえば,みなさんにも,そんなつもりはなかったけど,ついうれしくって,自慢していると思われるようなことを言ってしまい,冷たい視線を浴びた,というような経験があるのではないでしょうか？ それから,なんとなく素直にはなれなくて,つっぱった態度や冷たい態度をとってしまっただけなのに,「生意気なやつだ」とか「おまえ,おれのことが嫌いなんだろう」などと思われたことがあるのではないでしょう

2章　性格や能力の影響を重視しすぎる決めつけた考え方

か？　それから，本当はそんなにはっきりとした意見はもっていなくて，よく考えずに言っただけなのに，「あなたは，そんなふうに考えていたの。なんて人なの！」などと誤解されたことはないでしょうか？

　思い当たることがある人がたくさんいるのではないかと思います。でも，ということは，逆に，みなさんも，他の人が「なんとなく」とか「つい」したことを意図的であるようにみなした推測をしているのではないでしょうか？　たとえば，ある人が何かの練習に来なかったときに，「あいつ，さぼりやがったな」と考えたとします。この場合，たしかに「来なかった」のは事実ですが，つい忘れていただけなのかもしれません。そうであれば，意図的ではなかったことになります。でも，「さぼった」と考えたということは，「来なかった」という行動が意図的なものであったと決めつけてしまったことになると思います。

　みなさんが先生の言うことやすることについて考える場合も同じです。先生だって人間です。「なんとなく〜した」とか「つい…した」というようなこともあるはずです。でも，そこに勝手に意図を見いだして，先生のことを誤解しているようなことはな

いでしょうか？　たまには,このようなことについて,ゆっくり考えてみてください。

◆——くどいようですが,もう一度断っておきます

　誤解がないように,もう一度断っておきますが,ある人がした行為が他の人や社会に害を及ぼした場合には,たとえそれが本人の意思によるものではなく,なんらかの事情があったとしても,一般的には行為者が責任を完全にまぬがれることはできないと思います。それは,行為が意図的ではなかった場合も同様です。責任の程度について判断するときに「情状酌量（事情を考慮して罰を軽くすること）」が行われることはあるでしょうが,私たちが自分の行動に対してそれなりの責任をもたなければならないのは当然のことだと思います。ですが,望ましくないことをした行為者に責任を追及すべきかどうかということと,行為者が問題になっているような行為をいつもするような人だとみなすかどうかということは,同じではありません（関係はあると思いますが）。そして,この本で私が問題にしているのは裁判官が行うような責任についての判断ではないのです。問題にしているのは人の性格や能力などについての考え方であり,私がみなさんに自覚してほしいのは,「私たちが人の性格や能力などについて,どのような（問題のある）考え方をしてしまいがちか」ということです。

2章　性格や能力の影響を重視しすぎる決めつけた考え方

◆——推測される内容は？

　ここで，少し整理しておきたいことがあります。それは，私たちが他の人の「何について」決めつけた考え方をしがちであるか，ということについてです。ここまでの説明でおもに問題にしてきたのは，外に表れた行動から，「性格」や「能力」というような「人の内面的特徴」だと考えられていることについての決めつけがなされやすい，ということでした。たしかに，このようなことが「何について」の典型的な内容です。でも，私が問題にしたい決めつけがなされやすい内容は，それだけではありません。

　まず，性格や能力と同じように「人の内面的特徴」であることでいうと，「好み」とか「欲求」とか「意見」とか「信念」といったことについても，少数事例の過度の一般化がなされてしまいがちです。それから，「好き―嫌い」とか「尊敬している―軽べつしている」とか「信頼している」とか「怖がっている」というような他の人に対する感情についても，決めつけた推測がなされがちです。そして，このような感情も「人の内面」だと考えられているものです。なぜならば，これらは，はっきりとした形があって直接見たり聞いたりすることができるようなものではない，「人の心のはたらき」なのですから。

　ただし，感情の中でも，喜怒哀楽のような状況によって変化しやすいものは別です。喜び，怒り，悲しみ，楽しみというような感情は，ふつう同じ状態がそんな

に長く続くものではありません。ですから，気分（英語ではmood）とか情緒状態ともいわれます。それに対して，「好き―嫌い」とか「尊敬している―軽べつしている」というような感情は，もちろん，まったく変わらないわけではありませんが，一度思ったら，たいてい長い間続いていると思います。つまり，人の内面の中でも，状況によって容易に変わるものではない，比較的安定または固定したものだと考えられているこ

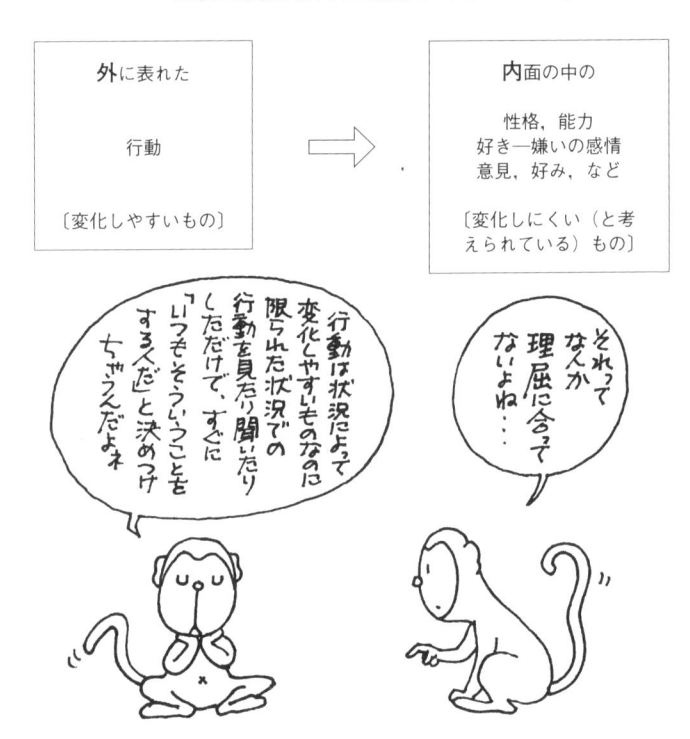

外に表れた		内面の中の
行動	→	性格，能力 好き―嫌いの感情 意見，好み，など
〔変化しやすいもの〕		〔変化しにくい（と考えられている）もの〕

行動は状況によって変化しやすいものなのに限られた状況での行動を見たり聞いたりしただけで，すぐに「いつもそういうことをする人だ」と決めつけちゃうんだよね

それってなんか理屈に合ってないよね…

なんか理屈に合ってないよね

2章　性格や能力の影響を重視しすぎる決めつけた考え方

とについての推測が問題になるのです。そして、それがなぜ問題なのかというと、これまでも述べてきたように、同じ人でも外に表れた行動は状況によっていろいろ変化するのですから、限られた状況での行動だけから、このようなことについての決めつけた判断ができるわけがないからです。

　少しむずかしくなってしまいましたが、今説明した内容については、なんとなくわかった気になってもらえれば十分です。

◆──**決めつけた考え方をすることによって生じる問題**

　10ページの「決めつけた考え方をすると……」というところにも書いたように、「他の人についてどのような考え方をするか」ということは、私たち一人ひとりの「頭または心の中のこと」ですが、それによって、その人に対する私たちの行動は大きく影響されています。また、考え方と同じように「頭または心の中のこと」ですが、「好き─嫌い」や「尊敬─軽べつ」というような相手に対する感情や喜怒哀楽などの感情も、人についての考え方によって大きく影響されています。さらに、このような感情も、私たちの行動に大きな影響を及ぼしています（「具体的ではないので、わかりにくい」という人は、続きを読む前に、10～12ページを読み返してください）。そして、以上のような感情や行動は、相手との人間関係がうまくいくかどうかや、学校、クラス、クラブ、家庭などの中で幸せな

気持ちで生活することができるかどうかといった、私たちの社会的な適応に大きな影響を及ぼしています。また、私たちの行動は、自分だけでなく、相手に対しても、いろいろな影響を及ぼすことがあります。ここでは、このようなことについて、もう少し具体的に説明してみようと思います。

心理学に**期待効果**と呼ばれることについての研究があります。これは、ある人が他の人に対して「この人は○○な人だ」と思うと、その相手がもともとはそんな傾向がある人ではなくても、いつのまにか、人から「○○な人だ」と思われやすい行動を本当に頻繁にするようになってしまう、というようなものです。たとえば、あなたがAさんという人に対して、ある限られた状況での1、2回の行動から決めつけた考え方をして「親しみにくいやつだ」と思うと、あなたのAさんに対する行動は、よそよそしくなったり、ぶっきらぼうになったりするでしょう。でも、そうすると、「お返し」といった感じで、Aさんも、あなたが「親しみにくい」と感じるのも無理ないような、よそよそしい行動やぶっきらぼうな行動を（少なくとも、あなたに対して）本当にしょっちゅうするようになってしまうでしょ

2章　性格や能力の影響を重視しすぎる決めつけた考え方

う。つまり，Aさんがあなたにとって親しみにくいのは，もともとAさんがだれにとっても親しみにくい人だからではなく，Aさんがあなたに対して親しみにくくふるまうように，知らないうちにあなたがAさんに仕向けているからなのかもしれないのです。言い換えると，あなた自身がAさんのあなたに対する行動を左右する状況の力の1つになっている可能性があるのです。

　また，いったん相手に対して望ましくない印象をいだくと，その人と直接会うことが少なくなり，最初にいだいた印象とは異なる面をもっていることを知る機会も少なくなってしまいます。また，最初の行動にはなんらかの事情があったとしても，それを知る機会も減ってしまいます。さらに，新たな接触がないままに相手のことを考えていると，頭に浮かんでくるのは最初の印象に沿った望ましくないものばかりになりがちです。そうすると，相手に対する印象はますます悪くなってしまうでしょう。でも，最初に決めつけた考え方がなされていなければ，その人とも仲の良い友だちになれたのかもしれません。

◆──親しい者どうしでも……
　決めつけた考え方をすることによって問題が生じるのは，お互いのことをよく知らない間柄でのことだけではありません。親しい者どうしにおいても，いろいろな問題が起きる可能性があります。たとえば，お互

いに相手のことをよく知っているので相手が自分の事情をわかってくれるだろうと（なんとなく）思いあっていても，実際にはそうではなく，しょっちゅうお互いに決めつけた考え方をしあうものです。そして，その結果，どちらも「なんで，わかってくれないの！？」というような気持ちになって，もめ事が起こりやすくなります。もちろん，このようなことは，左の4コマ漫画のような彼氏と彼女の関係だけで起きるものではありません。夫婦，親子，きょうだい，親友，先生と生徒などの関係にもあてはまるでしょう。みなさんにも思い当たることはありませんか？

◆──意図的ではない可能性を考慮しないと……

ある2人の人が，同じように他の人を傷つけることを言いました。しかし，1人はその言葉が相手を傷つけることを知っていたのにわざと言い，もう1人はそんなことを知らずに言ったとします。みなさんは，2人に対してどう思いますか？　当然のことながら，ほとんどの人が，意図的に言った人には悪い印象を強くいだき，意図的でなかった人にはそれほど悪い印象をもたないと思います。なぜならば，意図的に行わ

2章　性格や能力の影響を重視しすぎる決めつけた考え方

れたものでない場合には，その「人を傷つける発言をした」という行動が，それをした人に「意地悪」とか「無神経」といった性格的な特徴があることの証拠にはなりにくいことを，私たちは経験的に知っているからです。ということは，逆に，ある人の行動が意図的ではなかった可能性を考慮しないと，その人の内面的特徴についての決めつけがなされやすいことになります。

　また，たとえ性格や能力などについての決めつけにはつながらなくても，ある人が望ましくない行動をしたときに，それが意図的ではなかった可能性を考慮しないと，怒りや嫌悪感などが強く生じてしまうでしょう。そして，それによって，これまでに説明してきたことと同じような問題が生じやすくなるでしょう。

◆──ジョーンズとハリスの実験についての補足

　じつは，心理学者のお父さんと娘の夏子ちゃんの会話にでてきたジョーンズとハリスの実験では，「どちらの内容のエッセイを書くかは，本人の自由だった」と被験者に思わせた条件もありました。そして，このような条件のときには，「どちらの内容のエッセイを書くかは，試験問題で指示されていて，本人の意思とは無関係に決められていた」と思わせた（二人の会話の中で説明した）条件以上に，書かれた内容に強く左右された推測が行われていました。つまり，カストロ政権を支持している内容のエッセイを渡された被験者

は（そのまま素直に）「書き手はカストロ政権を支持している」と強く思い，逆に批判している内容のエッセイを渡された被験者は（そのまま素直に）「書き手はカストロ政権に対して批判的な意見をもっている」と強く思ったわけです。ですから，私たちは，他の人が何かをしたのを見たり聞いたりしたときに，それが本人の意思で行われた行為ではなかったことを知れば，そのことをまったく考慮しないわけではないのです。ただ，そのような事情を十分には考慮せずに，（おそらくなんとなく）「この人は〜な人だ」と思ってしまうことがあるのです。

◆──いい人だと決めつける場合にも……

これまでは，決めつけた考え方をした結果，相手に対して望ましくない印象がいだかれる場合だけを例にして話を進めてきました。しかし，人の行動が役割などの状況によって影響されたものである可能性や無意図的である可能性を考慮せずに，「この人はいい人だ」とか「この人は誠実だ」とか「この人は自分に好意をもってくれている」などと決めつけてしまうようなこともあります。そして，後でその人の別の面を見いだして勝手に裏切られたような気持ちになったり，相手を不用意に信じてしまい，本当にだまされて，ひどい目にあったりする，というような問題が起きることもあるのです。

例をあげてみます。次の文章は，浅見定雄さんとい

2章 性格や能力の影響を重視しすぎる決めつけた考え方

う宗教学者と西田公昭さんという社会心理学者と平岡正幸さんという牧師さんが中心になって作った「マインドコントロールから身を守る！」というカルト予防ビデオの中で，破壊的カルトを脱会した人たちがみずからの経験を告白している発言を部分的に書き取ったものです（ただし，「えー」とか「あのー」というような部分は，ほとんどカットしてあります）。なお，カルトというのは，浅見さんの話によれば，「特定の教祖やその教えに熱中している，比較的小さな，閉鎖的なグループ」のことです。ただし，最近の日本やアメリカでは，とくに「人間や社会に対して破壊的なことをするグループ」のことを指して，カルトとか破壊的カルトとよぶことが多いようです。

〔Aさんの告白〕　そうですね。その組織はとても問題があるということは知っていましたけど，私のところに来た方がとても熱心に，まじめに，正直で，そうですね，とても清いというか，そういう感じを受けましたので，……

〔Bさんの告白〕　あのー，非常に笑顔を振りまいて，寂しい人の心につけいる形でそっちに向かわせてしまう。あるいは別の方法ですね。まあ，関心があるような趣味をもちかけて，友だちにしてしまう。……

〔Cさんの告白〕　自分は，この人たちが，このグループが言っていることが，本当に正しいのかどうかを確認したいと思って入ったのに，それでまだ本当にこれが正しいということが確認されていないうちに人を誘いなさいということを上の人から言われたのがすごく自分にとってつらくて，……

〔Dさんの告白〕　私がだましたんだなっていうの，人々の善意を利用して，私がだましたんだなっていうの，とても思います。で，まあ，一軒一軒の地方の家を回ってお金を集めていくわけですけども，あるおうちでは，車イスの，15歳くらいでしょうか，男の子がひとりで留守番をしていたんですけど，「難民の子どもに粉ミルクを送りたいので募金をお願いします」って言うと，「こんなぼくでも人の役に立ててうれしいです」って言って，500円くださったりとか，……

読んでおわかりのように，カルトとよばれる破壊的な宗教集団などのメンバーが，

2章　性格や能力の影響を重視しすぎる決めつけた考え方

その集団の中での役割に従って，すごくあたたかくて親切な態度でみなさんに近づいてくることがあります。このようなときに，相手をいい人だと決めつけて不用意に信じてしまうと，その集団から抜けだせなくなって，とんでもない人生を送ることにもなりかねません。

　それから，いろいろな会社のセールスマンによる勧誘においても同じようなことがよくあります。あの人たちも会社の中での役割に従ってやっているのでしょうが，いかにも「あなたのためになるから，すすめているんですよ」といった態度で接してきます。「こんなふうに接して，まず相手を信じさせろ」といったことを書いた勧誘マニュアルなんかもあるようです。

　「じゃあ，人を信じてはいけないのか？」と言われてしまいそうで，正直なところ，書いていてためらいがあるのですが，以上のようなこともあるのだということを心に留めておいて，不用意に相手を信じてしまうことがないように注意してもらえればと思います。

◆──先生も反省しています

　学生さんが書いてくれたレポートを，もう1つ読んでみてください。ただし，学生さんといっても，これは，35歳くらいの高校の先生が自分の経験をふり返って書いてくれたものです。思い当たることがある人もいるのではないかと思いますが，自分の決めつけた考え方を素直に反省している先生もいるのです。

高等学校の女子の生徒に対し，制服がタバコの臭いでプンプンするので指導しました。しかし，タバコもライターも持ってなく，いくら時間を費やしても「吸っていない」というだけでした。しかたなく，家庭にかえし，家庭訪問をして保護者に聞いても「あの子は吸わない」と言われるだけでした。「おかしい，おかしい，おかしい……」で帰宅すると，妻が「今日，タバコ吸った？」。わたしはタバコを吸わないので，「ドキッ」。そうそう，家庭訪問をした家は，生徒を除く全員がタバコを吸っていたのです。制服を部屋に掛けておくだけでタバコ臭くなるよなあ。失敗でした。その子に謝り，自分の未熟さを思い知りました。まず生徒を信用することから始まることを認識しました。その後は良好です。

タバコの臭いがするからといって……

2章　性格や能力の影響を重視しすぎる決めつけた考え方

◆――ここまでのまとめ

> 　私たちは，同一人物の行動が状況によって大きな影響を受けていることを考慮せずに，他の人が限られた状況においてなんらかの行動をしたのを見たり聞いたりすると，その人の性格や能力や好き―嫌いの感情などについて決めつけた判断をしてしまいがちです。
>
> 　また，私たちは，人の行動が必ずしも意図的ではないことを考慮せずに，他の人が「なんとなく」とか「つい」行ったことを見たり聞いたりした場合にも，その人の性格や能力や好き―嫌いの感情などについて決めつけた判断をしてしまいがちです。

　以上のことについて，ここでもあえてむずかしい言葉を使ってまとめてみます。私が言いたかったことは，
「私たちは，人の行動の状況依存性および無意図性を考慮せずに，容易には変化しない，人の内面的特徴や感情についての決めつけをしてしまいがちである，ということについて自覚してほしい」
ということです。

> 課題4　今まとめたような決めつけた考え方を，これまでに自分が「した」または「された」経験について思い出して，文章にしてみてください。

3章

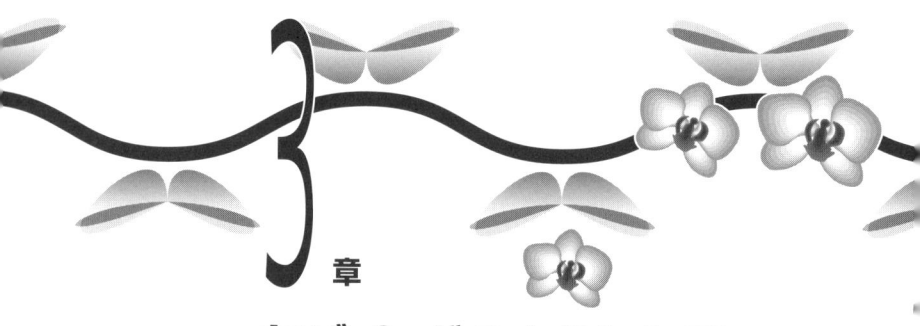

なぜ & どのようにして，決めつけた考え方をしてしまうのか？

◆——なぜ性格や能力などについての推測がなされやすいのか？

　ここでは，「なぜ，容易には変化しないと考えられている，人の内面的特徴や感情についての推測がなされやすいのか」ということについて説明します。

　私たちは，日常，非常に多くの人たちとさまざまな場面で出会っています。その際，私たちは，それぞれの人たちがどんな行動をしそうなのか，とくに，自分に対してどのような態度をとりそうなのかが予測できないと不安だと思います。そこで，このような予測が可能であると思えるためのはたらきが，私たちの心の中に生まれます。そうでないと，私たちは，安心して楽な気持ちで人と接していくことができません。でも，他の人の行動が予測できると思えるようになるために心や頭に大きな負担をかけていたのでは，かえってしんどくなってしまいます。

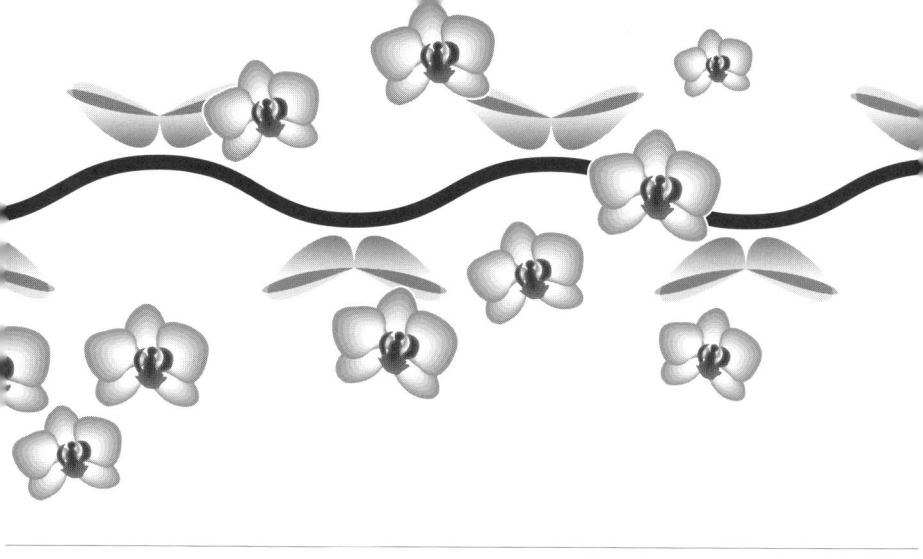

では，どのような心のはたらきがつくられたらいいのでしょうか？　言い換えれば，私たちは，どのように考えたらいいのでしょうか？　そうです。他の人の行動を，なるべく頭に負担をかけずに予測する（というよりも，予測できると思う）ためには，一人ひとりについて，「この人は，どんな状況でも，こんな行動をしやすい人だ」と思えればいいのです。ですから，一人ひとりの人たちについての，状況によって容易には変化しないと考えられていることについての推測が行われやすくなるのです。そして，この「状況によって容易には変化しないと考えられていること」というのが性格や能力や好き─嫌いの感情なのです。これが，心や頭に大きな負担をかけずに他の人の行動が予測できると思えるようになるための「心のはたらき」なのだと，心理学では考えられています。

　それから，私たちは非常に多くの人たちと接してい

ますので,「Aさんは,○○のときは〜な人で,△△のときは…な人で,××のときは＊＊」などというように,一人ひとりの人について細かな場合分けをした印象を頭の中に残していったら,きっと,私たちの頭の中はパンパンになってしまうでしょう。また,「Bさんは,明るい面もあるけれど,暗い面もある」などというように,表面的には矛盾する,はっきりしない印象が頭の中に同時にあるのは,私たちにとって,なにか落ち着かない,不快な状態だと思います。

頭の中をすっきりさせるためには……

　以上のようなことがあって,私たちは,人の内面になんらかの安定した傾向があることを強く想定し,それによって他の人の行動を理解しようとしてしまうのだと思います。

　あり得ない話ですが,もしもこの世の中に人間が10

3章　なぜ＆どのようにして，決めつけた考え方をしてしまうのか？

人くらいしかいなければ，私たちは，ここまでに述べてきたような決めつけた考え方をほとんどしなくなるのではないでしょうか？　みなさんは，どう思いますか？

　ここは，ちょっとむずかしかったかもしれません。「よくわからなかった」という人は，1，2年後にもう一度読んでみてください。

◆──どのようにして性格や能力などについての推測がなされるのか？：その1──自動的推測

　ある人が「役割上，やらなければならなかったから」とか「先輩や仲間に指示されたり，命令されたりしたから」とか「たまたま，そんな気分になるようなことが直前にあったから」などというような理由で，なんらかの行動をしたとします。しかし，このような場合にも，私たちは，54ページからのところで紹介したジョーンズとハリスの実験が示しているように，「それをした人は（どんな状況でも）そのようなことをしやすい性格をしている」とか「その人は，もともと，そういう意見をもっている」などと考えてしまいがちです。

　でも，ちょっと考えてみてください。もしも，このような状況の力の影響だけが原因であるならば，そんな推測は，理屈のうえではできないはずです。だって，その行動は，その人の内面的特徴の表れではないのですから。つまり，合理的な考え方をしようとするなら

ば，私たちが他の人の行動からその人の性格や能力などについて推測するためには，まず「なぜ，その人はそんなことをしたのか？」ということについて考える必要があるのです。

　しかし，私たちは，理屈のうえでは図5の上のように考えるべきなのに，実際には，図5の下のような考え方をしていることが多いようなのです。つまり，「なぜ」という原因や理由について考えることなしに，ほとんど自動的に，「～なことをした」→「…な人だ」とみなしてしまっているのです。

　詳しい内容は省きますが，スミスとミラーというアメリカの社会心理学者たちは，被験者に，ある行動をした人が「どんな人か？」という性格や能力についての判断と，「なぜ，そのような行動をしたのか？」と

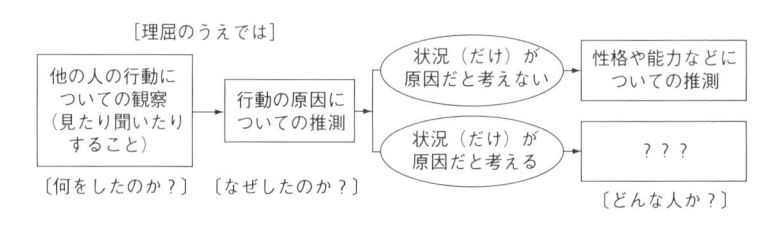

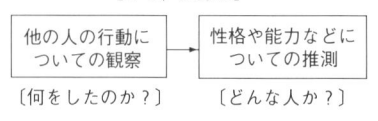

図5　自動的推測：私たちは必ずしも理屈に合った考え方をしているわけではありません

3章 なぜ & どのようにして，決めつけた考え方をしてしまうのか？

いう原因についての判断を，どちらも yes か no かの二者択一の形式で求めました。[★4] もう少し具体的に説明すると，彼らは，たとえば，「レオ君は，ガールフレンドと社交ダンスをしているときに，彼女の足を踏んだ」という行動を被験者に提示しました。そして，その後で，「レオ君は不器用か」という性格や能力についての質問や，「彼女の足を踏んだのは，レオ君の性格や能力などの個人的な特徴のせいか」という原因についての質問に対して，"はい"か"いいえ"のどちらかで回答してもらいました。そして，スミスとミラーは，「性格や能力についての判断よりも原因についての判断のほうが答えるまでに長い時間がかかる」という結果を報告しています。でも，原因について考えたうえで性格や能力などについて推測しているのであれば，このような結果になるわけはありません。ですから，この実験の結果は，現実には図5の上のような理屈に合った推測が行われていないことを示していると言えるでしょう。

　どうですか？　みなさんも，他の人が何かをしたのを見たり聞いたりすると，「なぜ」ということについて考えることなく，それこそ瞬間的に「〜な人だ」というような印象をいだいてはいませんか？　きっと思い当たることがたくさんあると思います。だって，非常に多くの人たちとさまざまな場面で接している私たちにとって，他の人がしたことに対して，いちいち「なぜ？」って考えていたら，きりがありません。そ

れこそ，頭の中がパンクしてしまうでしょう。

◆──「なぜ」について考えることもある

　私たちは，多くの場合，「なぜ」ということについて考えることなく，自動的に他の人の性格や能力などについて推測していると言いました。でも，もちろん，私たちは，いつも「なぜ」について考えていないわけではありません。たとえば，これは人のことについてではありませんが，飛行機が墜落したとか，原子力潜水艦が浮上するときに民間の船にぶつかった，などというような事故が起きたときには，多くの人が「なぜだ？」と考えるでしょう。それと同じように，私たちは，他の人がしたことについても，それが「自分自身にとって，または，社会にとって，望ましくないものだったとき」や「予測していないものだったとき」や「重大なことだったとき」には，たいてい「なぜ，あの人はこんなことをしたんだろう？」と考えるものです。

◆──なぜだと思うかは，すごく重要！

　飛行機事故の原因をどう考えるかによって，同じようなことを2度とくり返さないようにするために取るべき対策は大きく異なるでしょう。また，事故を起こした人たちに対する感情も，すごく変わるでしょう。それと同じように，他の人の行動についても，その原因をどう考えるかは，私たちの気持ちや行動に大きな

3章 なぜ＆どのようにして，決めつけた考え方をしてしまうのか？

影響を及ぼします。たとえば，みなさんが好きな人に告白したときに断られた（もっとはっきり言うと，ふられた）とします。こんなときは，ほとんどの人が，「なぜ～？？？」と一生懸命思い悩むでしょう。そして，イラストに示したように，ふられた原因がなんだと考えるかによって，みなさんの気持ちやこれからどうするかが大きく異なってくるでしょう。ここでは，これ以上の詳しい話はしませんが，「なぜ」ということについてどう考えるかは，私たちにとってすごく重要な問題なのです。

◆——どのようにして性格や能力などについての推測がなされるのか？：その2——原因について考えても……

ニスベットというアメリカの社会心理学者とその仲間たちは，男子大学生に，「あなたが今つきあっている彼女を選んだ理由は？」という質問をしました。また，同時に，同じ人たちに，「あなたの親友が今つきあっている彼女を選んだ理由は？」という質問もしました。そして，これらの質問に対する回答をまとめたところ，自分の場合に比べ，親友の場合のほうが，「選ばれた女の子の特徴」などよりも，「選んだ男

〔ふられたのは〕

―ぼくに，もともと魅力がないからだ。もういやだ。

―ぼくに，まだまだ魅力が足りないからだ。もっと人間をみがくぞ。

―彼女に男を見る眼がないからだ。しかたない。他の相手を探そう。

―言い方が悪かったのかなあ。それとも，何かまずいことを言ったのかなあ。今度，彼女の友だちに聞いてみよう。

ふられたときに，あなたは？

の性格や好みや欲求」が理由としてたくさんあげられていました。

このように，問題にしている行動はどちらも「ある女の子とつきあっている」ということなのに，私たちは，自分の場合に比べ，他の人の場合には，「それは，選んだあいつの性格や好みが～だからだ」というように考えがちです。そして，このように他の人の行動の原因がその人の内面的特徴にあると考えることは，そのまま，その人がそういう内面的特徴（個性）をもった人だと考えることにつながるはずです。

それから，「人がなぜ，ある行動をしたのか」などということは，たいてい唯一の答えがあるようなものではなく，そこにはいろいろな原因がかかわっていた可能性が高いと思います。しかし，それにもかかわらず，私たちは，「こうじゃないか」という原因を1つ考えると，それで安心してしまって，他の可能性について考えることをやめてしまいがちです。このようなことも，多くの人たちと接している私たちにとって，頭になるべく負担がかからないようにするために自然に身につけた適応策の1つではないかと思います。

◆──自尊心を守るためにも
私たちには，「自尊心とかプライドとよばれるものを守ろうとする心のはたらき」が備わっていて，自分の自尊心が傷つくことを避けようとする傾向があります。これは，なにもおかしなことではなく，ごく自然

なことでしょう。そして、自分に望ましくない面があると考えることは、私たちの自尊心を傷つける可能性が高いことだと思います。ですから、よほどの変わり者でない限り、「自分が周囲の人たちや世間から非難されるような問題のある行動をするかもしれない」などとは考えたくないでしょう。

このように考えると、「自尊心を守ろうとする心のはたらき」は、他の人が社会的に望ましくない行動をしたときに、私たちが「その原因は、やった人の人間性の問題にある」などと考えてしまいやすいことに関係しているのではないかと推論されます。なぜならば、このように考えれば、その問題のある行動を（とくに問題があるわけではない、ふつうの人間であるはずの）自分とは関係のないことだとみなせるからです。もちろん、「自分の自尊心を守る」などということを意識して、このように考えているわけではないでしょうが……。

◆——あくまで傾向についての問題です

なお、この本でこれまでにお話ししてきたことは、いずれも、あくまで「人間にはこういう癖がある」とか「私たちは、こんなふうに考えたり、行動したりしやすい」というような、「傾向」についての問題です。化学の法則のように、「Aという物質とBという物質を混ぜ合わせると、必ずCという物質ができる」というような絶対的なものではありません。あくまで、

「……というような可能性が高いですよ」といった確率的なことがらです。ですから、このようなことについても「過度の一般化」をしないように気をつけてください。つまり、「いつでも、だれでも、そんなふうに考えたり、そんなふうに行動したりする」と決めつけないようにしてください。

課題5　最近，他の人の行動について「なぜ？」と考えたときのことを思い出してください。そして，次の①から④について考えて，考えたことを紙に書いてください。できれば，なるべくたくさんの例について考えてほしいと思います。それから，他の人の行動というのは，あなたの身近な人がしたことでも，たまたま出会った人がしたことでも，テレビや新聞報道などで知ったことでもかまいません。

①その人は，具体的に，どのようなことをしたのですか？

②どのような状況だったのですか？

③その行動を見たり聞いたりしたときに，あなたは，「なぜ，その人がそのようなことをした」と考えたのですか？

④今考えてみると，他にどのような原因（とくに，状況の影響）がありそうでしたか？

終章

では，どうしたらいいのか？
読者のみなさんへ
心理学者からのメッセージ

◆──クリティカル・シンキングが大切

90ページの図5を使って説明したように，私たちは，「なぜ」という原因や相手の事情について考えることなしに（いわば，理屈抜きで），見聞きした行動から，ほぼ自動的に「あの人は〜だ」などとみなしていることが多いと思います。ですから，他の人の性格や感情などについて推測するのをやめることは，まず不可能でしょう。なぜならば，「自動的」という言葉が示しているように，多くの場合，ほとんど意識することなく推測が行われ，なんらかの印象がつくられてしまっているのですから。

私は，「他の人に対して常に白紙の状態にしておくべきだ」とか「他の人のことについて何も考えないほうがいい」などと言うつもりはありません。そんなことは無理です。白紙の状態というのは相手がどういう

行動をするかがまったく予測できないということなのですから，不安でたまらないはずです。みなさんは，どんな人かまったくわからない初対面の人たちと話をしなければならないときには，不安な気持ちになりませんか？　私は，なります。たとえば，会ったことがない学生さんたちを対象にした1回目の授業のときなどは，すごく不安になります。

　じゃあ，どうしたらいいのでしょう？　私の回答は，17ページの図4を使って説明した「クリティカル・シンキングをしよう」ということです。つまり，図6に示したように，いったん性格や能力などについての推測が行われるのはしかたがないことなので，その後で，「なぜ，あの人はあんなことをしたのか？」「何か事情はなかったのか？」「自分の考え方には何か不適切なところはないか？」などと，あれこれ問い直してみることが大切だと思うのです。まん中の段階で考えることをやめてしまうのは，決めつけた考え方になると思うのです。

他の人の行動についての観察	→	性格や能力などについての（自動的な）推測	→	自分の思考（左の推測）に対するクリティカル・シンキング
〔何をしたのか？〕		〔どんな人か？〕		〔なぜ，あんなことをしたのか？〕〔何か事情はなかったのか？〕

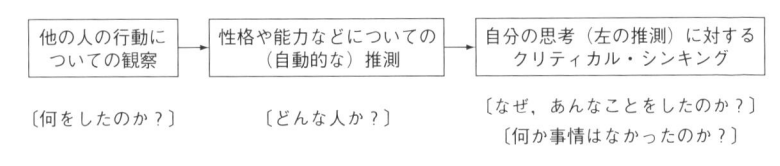

図6　クリティカル・シンキングが大切

　　　　「なぜ」について考える場合も同じです。93ページで（被験者にガールフレンドの選択理由を質問した）

終章　では，どうしたらいいのか？……

ニスベットたちの実験を例にして説明したように，私たちは，自分の場合に比べて，他の人の行動については，性格や能力などの行為者の内面的特徴に原因があると思ってしまいがちです。また，私たちは，「こうじゃないか」という原因を1つ考えると，それで安心してしまって，他の可能性について考えることをやめてしまいがちです。ですから，このようなときにも，「何か状況の力がはたらいていた可能性はないか？」「他には考えられないのか？」などと，あれこれ考え直してみることが必要だと思います。

　ちょっと異なる表現をするならば，「～に違いない」という決めつけた考え方ではなく，「～かもしれない」という「結論をはっきり下すのを控えておこうとする姿勢」が大切だと思うのです。このことを，ちょっと

Not must be, but may be.

ちょっとキザかもしれませんが……

格好をつけて英語にすると,「Not must be, but may be.」ということになります。

　それから,できることならば,相手についての情報をもっと手に入れようとすることも大切だと思います。たとえば,「何か事情はなかったのか？」とか「自分が知らない場面ではどんなようすなのか？」といったことについて,その人のことをよく知っている人に聞いてみるのもいいでしょう。また,相手が自分にとってすごく重要な人だと思うのならば,他の場面でのようすを自分で直接見に行くのもいいでしょう。新たな発見があることも多いと思います。

◆──クリティカル・シンキングをすると……
　学生さんが書いてくれたレポートを,もう1つだけ読んでください。

　私は,友だちが読んでいる本を,彼女が読み終わったら次に借りる約束をしました。けれど,数日後,友だちに,「先に他の友だちに貸してしまった」と言われました。このとき,すぐに考えてしまったことは,「貸してくれなかった」＝「私のことが嫌い」ということでした。だから,その後に見たり聞いたりするその友だちの行動や発言のすべてが「私のことが嫌いだから」と思えてしまうのです。気になってしかたなく,考え込んでしまいました。そこで,ふと冷静になってみて,

終章　では，どうしたらいいのか？……

クリティカル・シンキングをしてみました。「もう一度よく考えてみると……」ということです。そうすると，その友だちは単純に本を貸すと言ったことを忘れていたのかもしれないし，ただ私に会わない間に他の友だちに「貸して」と言われたので，「すぐだから」と思って先に貸しただけだったのかもしれません。こう考えていくと，かなり気分が変わりました。最初は，「貸してしまった……」から「あなたには貸せないのよ」ということが続くように考えてしまっていました。けれど，考え直してみたときは，「つい軽い気持ちで貸してしまった」というように，「深い意図はなく，よく考えずに貸してしまったの」ということでは，と思えました。そんなことで，と思われることだとは思うのですが，ちょっとした周囲の発言からパッと感じたことで思い込み，考え込んでしまうことがしょっちゅうなんです。だから，そんなときは，もっと他の可能性，とくにプラスの可能性を考えてみることも心がけていこうと思いました。

このように，クリティカル・シンキングをすることによって相手に対する印象が変わることは多いと思います。また，印象は変わらなくても，相手に対する怒りや嫌悪感などの感情がおさまることも多いでしょう。そして，相手に対する印象や感情が変われば，あなたのとる行動も自然に変わってくるでしょう。もち

ろん，クリティカル・シンキングをしても印象や感情が変わらないこともあるでしょう。また，多くの場合，印象が白紙または以前の状態にもどったり，怒りや嫌悪感がまったくなくなるわけではないでしょう。でも，それはそれでいいと思います。自動的な推測だけで考えるのをやめてしまい，無批判に決めつけをしている場合よりも，よほどましだと思います。そして，多くの場合，クリティカル・シンキングを適切に行うことができれば，決めつけた発言が抑えられ，それに伴う人間関係の衝突なども減ってくる可能性が高いと思います。

　それから，クリティカル・シンキングをするのは，できれば自動的な推測が行われた直後であるほうが望ましいと思います。なぜならば，自動的な推測によっていだかれた印象や感情に沿って，すぐになんらかの行動が行われてしまうことがあるからです。でも，クリティカル・シンキングは，直後でなくても，しないよりも，したほうが，ずっとましだと思います。要は，なんらかの具体的な行動をしてしまう前に行われればいいのです。それに，たとえなんらかの行動をした後でも，クリティカル・シンキングをすることによって，不適切な行動が続いてしまう可能性は低くなるはずです。それから，最初はかなり時間が経ってから行っていても，くり返しているうちに，だんだん直後にできるようになるものです。

終章　では，どうしたらいいのか？……

◆——クリティカル・シンキングは常に必要か？

　私は，「どんなときにもクリティカル・シンキングをするべきだ」と言うつもりはありません。絶えず「〜かもしれない，いや，…かもしれない」などと考えていたら，まいってしまいます。当然のことながら，時どき頭を休ませたほうがいいでしょうし，場面によってクリティカル・シンキングの必要性は異なるでしょう。たとえば，家族や友だちととりとめのない世間話をしているときなどは，クリティカル・シンキングの必要性は低いでしょう。

　でも，「ほとんどの人にとっては，多くの場面で，今よりもクリティカル・シンキングをする必要がある」と，私は考えています。そして，そうすることによって，私たちの人間関係や社会への適応は，より良いものになっていくと思います。もちろん，「でも，私は，気楽に"のほほ〜ん"と生きていきたい。そのほうが幸せだ」というような人もいるかもしれません。それも１つの生き方・考え方でしょう。でも，それでは，「向上」とか「進歩」は望めないでしょう。みなさんは，どう思いますか？

　それから，そんなにクリティカル・シンキングをする必要がないと思える場面でも，最初のうちは積極的にしてみるように心がけたほうがいいと思います。そうでないと，なかなか「習慣」として身につきません。

◆──考えなければ考える力はレベルアップしない

　クリティカル・シンキングをするのは，最初のうちはかなり意識しなくてはならないのでしんどいでしょう。でも，だんだん慣れてくると，それほど頭に負担をかけずにできるようになると思います。音楽やスポーツなども同じではありませんか？　「最初のうちは意識していろいろなことに注意を払っておかなければならないのでたいへんだったけど，トレーニングを積んでいくと，意識しなくても自動的にいろいろなプレーをすることができるようになった」というような経験はありませんか？

　思考にも，音楽やスポーツなどと同じように，トレーニングによって上達できる技術的な面がたくさんあります。というよりも，そういう部分のほうが大きいのだろうと，私は思っています。もちろん，音楽やスポーツと同じように，その道のトップ・プロなどになるためには才能も必要でしょう。だれでもベートーベンやイチローになれるわけではないと思います。でも，よほどのハンディキャップをもった人でない限り，適切な方法によってそれなりのトレーニングを積めば，ある程度のレベルで，いろいろな楽器を演奏したり，スポーツを楽しんだりすることができるようになっていると思います。いや，障害をもった人たちのオリンピックであるパラリンピックを見てください。ハンディキャップをもっていても，トレーニングによって，すごく高いレベルのプレーをしている人たちもたくさ

終章　では，どうしたらいいのか？……

んいるのです。そして，それと同じように，より良く考えるための技術についてきちんと学習し，その技術を実際に使うトレーニングを上手にやっていけば，考える力は伸びるはずなのです。逆にいえば，自分の体や頭に負担をかけなければ音楽やスポーツをする力が高まらないのと同じように，考える力も自分の頭や体に負担をかけなければレベルアップしないのです（「頭も体の一部だ」と考えたほうがいいのかもしれません）。

何事もトレーニングしなくっちゃ

ただし、考える力の場合は、音楽にかかわる能力や運動能力などに比べて、進歩が形になって表れにくい面があると思います。ですから、自分の考える力がレベルアップしたことを実感しにくいのではないかと思います。そして、そのために、考える力は、音楽にかかわる能力や運動能力などと違って、努力してもしかたないと思われてしまいやすいのではないでしょうか？　でも、そんなことはありません。「考えないから、考える力が高まらない」のです。私は、そう思っています。

◆──クリティカル・シンキングのきっかけ

次の□中の言葉は、決めつけた考え方が行われた可能性が高いことを示すものとして、私が考えたものです。つまり、こんな言葉を言ったり、言わなくても頭の中に浮かんだりしたら、「決めつけた考え方をしているかもしれないぞ」と注意して、「クリティカル・シンキングをしてみる必要がある」ということです。もっとも、この本の中にもこのような要注意語がたくさん出てきたとは思いますが……。あくまで、可能性の問題ですので、あしからず。

《要注意語》
必ず，いつも，ぜったい，きっと，完全に，当然，間違いなく，〜に決まってる，〜としか思えない，〜に違いない，〜でしかない，〜のはず（はない），

~ではあり得ない，ぜんぜん~でない，まったく~ない

◆──クリティカル・シンキングをする際のポイント

クリティカル・シンキングをしようと意識できたときには，次のようなことについて考えようとしてください。

> ＊なぜ，その人は~したのか？
> ＊何か事情はなかったのか？　そのときはどんな状況だったのか？　周囲の人のようすはどうだったか？
> ＊その人は，いつも（他の状況でも，だれに対しても）同じようなことをするのか？　自分が見聞きしているその人の行動は，かたよった同じような場面でのものばかりではないのか？
> ＊自分も同じような状況に置かれたら，同じようにするのではないか？
> ＊自分も同じようなことをしたことがないか？　あったとしたら，そのときに，自分は，なぜ，そのようなことをしたのか？　そのときは，どんな状況だったのか？

◆──人の考え聞きわが考え直せ

ちょっと意地の悪い話になってしまいますが，みな

さんは,「人のふり見てわがふり直せ」という諺を知っていますか？　そんなにむずかしいことではありません。この場合の「ふり」というのは「ふるまい（つまり,行動）」のことですから,素直に「人のふるまいを参考にして,自分のふるまいを直しなさい」という意味になります。ただし,ひねくれ者の私は,「人の良いところを見習いなさい」ということよりも,とくに「人のふるまいの良くないところを見て,自分も同じようなことをしていないかチェックし,しているようであれば直しなさい」ということを言っているのだと思っています。たしかに,私たちの目は自分の外に向きやすいので,自分の行動の良くないところというのは気づきにくいものです。ですから,「まずはより気づきやすい他の人の行動の良くない面に目を向け,そこで気づいたことをチェック・ポイントとして自分の行動を正す」というのは有効な方法だと思います。

　さて,この諺は,「行動」だけでなく,「思考」に関してもあてはまっていると思います。つまり,「人の考え聞きわが考え直せ」です。もう少し言うと,「他の人の発言を聞いて,その発言のもとになってい

る（と考えられる）その人の考え方の不適切な面に対してクリティカル・シンキングを行い，それをふまえて自分の考え方に対してもクリティカル・シンキングをしなさい」ということです。

ただし，他の人の考え方に対してクリティカル・シンキングをしたからといって，それをそのまま口に出すべきではないことが多いと思います。「放っておいたら相手があまりにも不適切な行動をとり，問題を起こしてしまう」とか「あまりにも思い込みが強すぎるから，たまには言ってやろう」などと判断したときは別ですが，クリティカル・シンキングしたことをいちいち相手に伝えていたら，それこそ人間関係が険悪になってしまいます（もちろん，言い方にもよるでしょうが……）。すごく親しい間柄の場合でも気をつけてください。

それから，クリティカル・シンキングの対象とする他の人の発言というのは，なにも身近な人が言ったことだけではありません。テレビやラジオでだれかが話したことや，新聞や雑誌などに書いてあることでもかまいません。いや，そのほうが問題が生じなくて，いいかもしれません。とにかく，考えたことを口に出すかどうかは別にして，他の人の発言に対しても，時どき「さあ，クリティカル・シンキングをしてみよう」という意識を強くもって耳を傾けてみてください。多少，私のように意地の悪い人間になってしまうかもしれませんが (^o^) 。

◆──**具体的な提案**

　最後に，クリティカル・シンキングが適切に，かつ自然にできるようになるためにはどうしたらいいのか，ということについてのより具体的な提案をします。

　まず，今後，この本で学んだ知識を使って，実際に自分の思考や他の人の思考に対してクリティカル・シンキングをするように意識してください。そして，実際に自分がクリティカル・シンキングをしていると思ったら，「だれの」「どのような思考に対して」「どのように考えたのか」について，具体的に書いてみてください。もちろん，ここでの思考というのは，「人についての考え方」のことです。なにも「いつも」である必要はありません。1週間に1度くらい，その日のことについてふり返ってみるだけでもいいです。ここで大切なのは，面倒くさいことですが，ただ考えるだけでなく，「考えたことを文章にして紙に書く」という作業を行うことです。もちろん，ワープロなどを使ってもかまいません。要は，「考えたことを目に見える形にする」ことです。前にも言ったように，文章を書くということには，考えを深めたり，うまくまとめたりするはたらきがあります。考えたことを人に伝えたり，記録として残すためだけの行為ではありません。

　そして，これもかなり面倒なことですが，できればメモ用紙とペンをいつも持っていて，自分や他の人の思考について何か思ったことがあればその場で書きとめておく，という地道な作業をすることをおすすめし

終章 では，どうしたらいいのか？……

ます。

　また，仲の良い友だちの中にこの本を読んだ人がいれば，遊び半分でいいですから，時どきお互いの思考に対して「クリティカル・シンキングごっこ」をしてみてください。二人ともが見たり聞いたりした第三者の発言に対していっしょにクリティカル・シンキングをしてみるのもいいでしょう。もちろん，友だちでなくてもかまいません。家族の人や先生でもいいでしょう。自分だけでは気づかなかったことが，いろいろ出てくると思います。もしも，この本を読んだ人が身近に1人もいなければ，だれかに読むようにすすめてください(^o^)。

　次に，これまでに「課題」として示したことについて，実際にやってみてほしいと思います。全部でなくてもかまいません。それと，この本の中で私が例としてあげたことについて，「これについては他にもこんなことが考えられるんじゃあないか」とか「自分だったら，こんな例をあげる」とか「著者の考え方は，ここが，こうおかしい」などとクリティカル・シンキングをし，それを本に書き込んでみるのもいいと思います。こんな読み方をするとなかなか前には進みませんが，最終的に実際に使える知識としてみなさんの身につくものがすごく変わってくるはずです。もちろん，望ましい方向にです。

　それから，53ページと85ページの「ここまでのまとめ」と，少し前に示した「クリティカル・シンキング

のきっかけ（要注意語）」と「クリティカル・シンキングをする際のポイント」のリストを，たまに見返してみてください。

　とにかく，音楽やスポーツなどと同じように，楽をしていてはレベルアップは望めません。基本的には，自分の頭や体に負担をかける必要があるのです。「手間暇をかけた面倒なことをしなければ，良いものは得られない」というのが，ものごとの一般原則だと思います。

　でも，これまでに述べてきたことと矛盾するようなことを言うようですが，なにもクリティカル・シンキングをしないからといって生きていけないわけではありません。あくまで「より良く生きていくために必要だ」ということです。それに，他のことでも同じでしょうが，クリティカル・シンキングにはパーフェクトな状態なんかありゃしません。ですから，あせらずに，少しずつ前進していってください。

　　　　　　　　＊　　　＊　　　＊

　ここまで読んでくださった人，お疲れさまでした。これで「人について，多面的に（いろいろな角度から）or 合理的に（理屈に合うように）or 理性的に（感情的にならないように），考える柔軟な頭を養ってもらう」ことをねらいとした本の1冊目の終わりです。

参考図書・ビデオ

『ブッタとシッタカブッタ──心の運転マニュアル本』小泉吉宏（メディアファクトリー）
『愛のシッタカブッタ──あけると気持ちがラクになる本』小泉吉宏（メディアファクトリー）
『ブッタとシッタカブッタ2──そのまんまでいいよ』小泉吉宏（メディアファクトリー）
『ブッタとシッタカブッタ3──なあんでもないよ』小泉吉宏（メディアファクトリー）

　哲学の本です。でも，気むずかしい内容の本ではありません。主人公のブタさんたちもかわいくて，心を和らげてくれると思います。たった4コマの漫画で，見事に「人間の心」を描いていると感心してしまいます。「1回読んだら終わり」ではなく，人生のさまざまな分岐点で読み返してみるといい本だとも思います。この本を読んで共感できることが増えたら，「人間的に成長した」と言えるかもしれません。中学生の人たちにとっても「早くはない」と思います。

『クリティカル進化論──「OL進化論」で学ぶ思考の技法』道田泰司・宮元博章（北大路書房）

　秋月りすさんという漫画家が書いている『OL進化論』という4コマ漫画を題材にして，クリティカル・シンカー（critical thinker；クリティカルに考える人）になるためのポイントについて，楽しく，かつ，わかりやすく解説してあります。今回のシリーズには含めることができなかった幅広いポイントが取り上げられているので，ステップ・アップにもってこいの1冊です。

『社会心理学ショート・ショート——実験でとく心の謎』岡本浩一（新曜社）

　おもしろ味＆説得力がすごくあり，人間についての理解を深めるのに役に立つ社会心理学の研究が，わかりやすく，かつ，ていねいに解説してあります。ミルグラムのアイヒマン実験や，この本では具体的な解説をすることができなかった「There is safety in numbers.」ではないことを示したラタネたちの実験も紹介されています。

『カルト予防ビデオ「幻想のかなたに」——マインドコントロールから身を守る！』（発行・制作：日本脱カルト研究会・マインドコントロール研究所）
〔問い合わせ先：日本脱カルト研究会事務局　〒242-0021　神奈川県大和市中央2-1-15　パークロード大和ビル2F　大和法律事務所　滝本太郎気付　TEL. 0462-63-0130　FAX　0462-63-0375〕

　81ページで紹介したカルト予防ビデオです。大学生や社会人になってひとり暮らしを始めると，カルトのような危険な集団からの誘いを受けることがあります（あなたが気づかないうちに，魔の手が伸びてきます）。そのための，まさに予防として，とくに高校生の人たちに，見ておくことをおすすめします。

この本で引用した文献

★1 ミルグラム，S.(著) 1980 岸田 秀(訳) 服従の心理―アイヒマン実験―河出書房新社〔Milgram, S. 1974 Obedience to authority : An experimental view. Harper & Row.〕

★2 Jones, E. E., & Harris, V. A. 1967 The attribution of attitudes. *Journal of Experimental Social Psychology*, **3**, 1-24.

★3 Ross, L. D., Amabile, T. M., & Steinmetz, J. L. 1977 Social roles, social control, and biases in social-perception processes. *Journal of Personality and Social Psychology*, **35**, 485-494.

★4 Smith, E. R., & Miller, F. D. 1983 Mediation among attributional inferences and comprehension processes : Initial findings and a general method. *Journal of Personality and Social Psychology*, **44**, 492-505.

★5 Nisbett, R. E., Caputo, C., Legant, P., & Marecek, J. 1973 Behavior as seen by the actor and as seen by the observer. *Journal of Personality and Social Psychology*, **27**, 154-164.

[著者紹介]

吉田 寿夫（よしだ・としお）

1956年　静岡県に生まれる。
　　　　静岡県蒲原町立蒲原中学校卒業。静岡県立清
　　　　水東高校卒業。
　　　　広島大学教育学部卒業。同大学院教育学研究
　　　　科博士課程後期単位取得退学。
現　在　兵庫教育大学学校教育学部教授（社会心理学，
　　　　教育心理学，心理学研究法）
主　著　『本当にわかりやすい，すごく大切なことが
　　　　　書いてある，ごく初歩の統計の本』（北大路書房）
　　　　『改訂新版 社会心理学用語辞典』（共編，北大路書房）
　　　　『人間関係の発達心理学3　児童期の人間関係』（共著，培風館）

心理学ジュニアライブラリ　05

人についての思い込みⅠ
悪役の人は悪人？

©2002 Yoshida Toshio

Printed in Japan.　ISBN4-7628-2282-5
　　　　　　　　　印刷・製本／㈱太洋社

定価はカバーに表示してあります。
　　　　　　　　　　　　　検印省略

2002年10月30日　初版第1刷発行
2003年 9月20日　初版第2刷発行

著　者　　吉田寿夫
発行者　　小森公明
発行所　　(株)北大路書房

〒603-8303　京都市北区紫野十二坊町12-8
　　　　　　電話　(075)431-0361(代)
　　　　　　FAX　(075)431-9393
　　　　　　振替　01050-4-2083

落丁・乱丁本はお取り替えいたします

心理学ジュニアライブラリを
読もうとしているみなさんへ

　　心理学って，すごくおもしろいんです。そして，けっこう役に立つんです。

　といっても，心のケアが必要な人たちの手助けをするということだけではありません。どのような人たちにとっても，知っておくとためになる学問です。ただし，「心理学を学んだら，人の心を見抜けるようになったり，人をあやつることができる」などというような意味ではありません。テレビや雑誌で紹介されている占いや心理テストのようなものとも違います。やたらとむずかしい，わけのわからないものでもありません。

　この心理学ジュニアライブラリでは，それぞれの巻ごとにテーマをしぼって，多くの人たちが気づいていなかったり誤解したりしているであろう『人の心のしくみ』について解説してあります。そして，その解説したことにもとづいて，私たち心理学者が，みなさんになんらかのメッセージを送ろうとしました。その内容は，いずれも，みなさんがよりよく生活していくうえで大切だと，私たちが自信を持って考えているものです。また，どの内容も，学校や家庭であらたまって学ぶことがめったにないものです。人生経験を積んでいくなかで自然に身につくこともあまりないでしょう。これが，私たちがこのようなライブラリを発刊しようと考えた理由です。

　この心理学ジュニアライブラリを通して「へえー」とか「なるほど」というように感じながら『人の心のしくみ』についての新たな知を得，それをこれからの人生に少しでも活かしていただければ幸いです。

　　　　　企画編集委員　吉田寿夫・市川伸一・三宮真智子

[著者紹介]

吉田寿夫(よしだ・としお)

1956年　静岡県に生まれる。
　　　　静岡県蒲原町立蒲原中学校卒業。静岡県立清
　　　　水東高校卒業。
　　　　広島大学教育学部卒業。同大学院教育学研究
　　　　科博士課程後期単位取得退学。
現　在　兵庫教育大学学校教育学部教授(社会心理学,
　　　　教育心理学,心理学研究法)
主　著　『本当にわかりやすい,すごく大切なことが
　　　　　書いてある,ごく初歩の統計の本』(北大路書房)
　　　　『改訂新版 社会心理学用語辞典』(共編,北大路書房)
　　　　『人間関係の発達心理学3　児童期の人間関係』(共著,培風館)

心理学ジュニアライブラリ　05

人についての思い込みⅠ
悪役の人は悪人？

©2002　Yoshida Toshio

Printed in Japan.　ISBN4-7628-2282-5
　　　　印刷・製本／(株)太洋社

　　　定価はカバーに表示してあります。
　　　　　　　　　　　　　　検印省略

2002年10月30日　初版第1刷発行
2003年9月20日　初版第2刷発行

著　　者　吉田寿夫
発 行 者　小森公明
発 行 所　(株)北大路書房

〒603-8303　京都市北区紫野十二坊町12-8
　　　　　　電話 (075)431-0361(代)
　　　　　　FAX (075)431-9393
　　　　　　振替 01050-4-2083

落丁・乱丁本はお取り替えいたします

心理学ジュニアライブラリを
読もうとしているみなさんへ

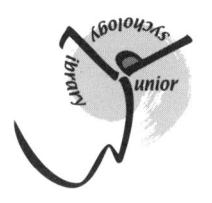

　心理学って,すごくおもしろいんです。そして,けっこう役に立つんです。
　といっても,心のケアが必要な人たちの手助けをするということだけではありません。どのような人たちにとっても,知っておくためになる学問です。ただし,「心理学を学んだら,人の心を見抜けるようになったり,人をあやつることができる」などというような意味ではありません。テレビや雑誌で紹介されている占いや心理テストのようなものとも違います。やたらとむずかしい,わけのわからないものでもありません。
　この心理学ジュニアライブラリでは,それぞれの巻ごとにテーマをしぼって,多くの人たちが気づいていなかったり誤解したりしているであろう『人の心のしくみ』について解説してあります。そして,その解説したことにもとづいて,私たち心理学者が,みなさんになんらかのメッセージを送ろうとしました。その内容は,いずれも,みなさんがよりよく生活していくうえで大切だと,私たちが自信を持って考えているものです。また,どの内容も,学校や家庭であらたまって学ぶことがめったにないものです。人生経験を積んでいくなかで自然に身につくこともあまりないでしょう。これが,私たちがこのようなライブラリを発刊しようと考えた理由です。
　この心理学ジュニアライブラリを通して「へえー」とか「なるほど」というように感じながら『人の心のしくみ』についての新たな知を得,それをこれからの人生に少しでも活かしていただければ幸いです。

　　　　　　　　　企画編集委員　吉田寿夫・市川伸一・三宮真智子